NEUVAINE À SAINT JOSEPH
Maître de la maison de Dieu et Prince de tous ses biens.

Guy-Noël AUBRY

© 2023, Guy-Noël AUBRY
Édition : BoD - Books on Demand, info@bod.fr
Impression : BoD - Books on Demand, In de Tarpen 42,
Norderstedt (Allemagne)
Impression à la demande
ISBN : 978-2-3221-2151-9
Dépôt légal : Mars 2023

« **Avec mon élu,
j'ai fait une Alliance** »

(Psaume 89, 4)

Table des matières

Un mot des auteurs 10

Introduction 19

Une brève histoire de saint Joseph selon les évangiles.. 24

Pourquoi passer par un Intercesseur et pourquoi penser à saint Joseph ? 34

Exemple de lettre à saint Joseph 38

Faut-il choisir une date particulière pour faire cette Neuvaine ? 39

Quelques suggestions pour une Neuvaine réussie !.. 41

Comment prier cette Neuvaine ? 48

Prières de l'introduction commune à tous les jours .. 51

Prières de la Conclusion commune à tous les jours .. 55

Premier jour : Saint Joseph et Adam – Le songe de saint Joseph 59

Deuxième jour : La Naissance du Sauveur - Saint Joseph et Joseph prince d'Égypte 67

Troisième jour : La visite des Bergers – Saint Joseph et Abraham 74

Quatrième Jour : La Visite des Mages - Saint Joseph, Jessé et Le Roi David 82

Cinquième jour : Moïse et le grand prêtre Aaron – La Présentation au Temple de Jérusalem 91

Sixième jour : La fuite en Égypte et le retour à Nazareth - Je veux vous dévoiler ce qui vous arrivera dans les temps à venir 99

Septième jour : Jésus perdu et retrouvé - Après Le roi David 108

Huitième Jour : Josué - La mort de saint Joseph – Le baptême de Jésus dans le Jourdain 116

Neuvième Jour : Saint Joseph et La Résurrection - Lazare 124

Conclusion 135

Annexes : Prières utiles à la vie de tous les jours et à cette Neuvaine 137

Ouvrages du même auteur 154

- « Évangile de Jésus Christ Fils de Dieu selon saint Marc. »   154

- « Les douze gloires de Marie : Marie Mère de Dieu, Vierge Immaculée, Reine du Ciel et de l'Église… ». 154

- « Saint Joseph Intercesseur » 154

- « Sagesse du Guerrier de la Lumière » 154

- « Saint Joseph Image visible du Dieu invisible – Alors Tu es Roi ? » 154

- « Jean le frère du Seigneur – L'homme qui a fait découvrir Jésus-Christ au monde. » 154

- « Priez pour nous sainte Mère de Dieu – Prières et Neuvaines préparatoires pour les grandes fêtes mariales de décembre à mai – Ed. BOD. 155

- « Le Sacré-Cœur de Jésus Source de Miséricorde et Rayonnement d'Amour. - La spiritualité du Sacré-Cœur la découvrir, la comprendre et la mettre en œuvre aujourd'hui. » 155

En préparation : **155**

- « Gabriel, L'Ange Merveilleux » 155

- Neuvaines préparatoires aux grandes fêtes mariales (Tome 2)   155

- « Les Noces de Cana » 155

Remerciements **157**

« Le Seigneur a réuni en saint Joseph, comme dans un soleil, tout ce que les autres saints ont de lumière et de splendeur. »

(Saint Grégoire de Naziance)

Un mot des auteurs

Dieu qui est infiniment Bon est aussi infiniment Juste. Il récompense toujours ses élus en proportion de leurs œuvres, c'est-à-dire des pensées, des paroles, des prières et des actions qu'ils ont accomplies sur la Terre.

Saint Joseph qui a accompli des œuvres merveilleuses dispose donc d'un crédit illimité auprès de La Très-Sainte-Trinité, parce qu'il a non seulement mené à bien tout ce que Le Père lui a confié, mais qu'en plus ses actions furent puissamment cachées aux yeux des hommes : « *Ce que vous faites pour devenir des justes, évitez de l'accomplir devant les hommes pour vous faire remarquer. Sinon, il n'y a pas de récompense pour vous auprès de votre Père qui est aux cieux.* » (S. Mattieu 6,1).

Saint Joseph qui est demeuré humble sur la Terre est donc exalté et glorifié au Ciel. C'est auprès de Dieu Père-Fils et Saint-Esprit qu'il touche pleinement sa récompense : « *Très bien, serviteur bon et fidèle, entre dans la joie de ton seigneur.* » (St Matthieu 25,23).

Le Cardinal Lépicier affirme que c'est le très humble et admirable Joseph, époux de Marie et père adoptif de Jésus-Christ, qui a remplacé Lucifer auprès de Dieu : « Le saint Patriarche fut prédestiné à un degré de gloire tel, qu'il lui assura la place laissée vide par le premier des anges rebelles, c'est-à-dire, par Lucifer, lui donnant ainsi d'occuper, dans la gloire, le poste le plus élevé dans l'ordre des Séraphins. Comme d'autre part, le premier parmi les anges prévaricateurs, entraîna, par son exemple et ses exhortations les autres à la révolte, de même saint Joseph a été prédestiné à cette gloire incomparable afin d'aider efficacement par son exemple et son haut patronage les hommes appelés à la béatitude éternelle. » Ainsi, saint Joseph est-il non seulement celui qui a remplacé Lucifer dans l'ordre de la grâce, mais encore est-il destiné à guider tous les justes vers la patrie céleste.

Ce crédit que notre admirable et si discret Joseph possède au Ciel, il le possède aussi sur la Terre. Son patronage semble s'étendre à toutes les situations et toutes les nécessités, spécialement les plus critiques.

En conséquence, Saint Joseph a été déclaré en autre : *saint patron des causes difficiles*, *saint patron des malades et des mourants, de la bonne mort, des exilés, des âmes du purgatoire…*

Son patronage ne se restreint pas aux situations exceptionnelles ou tendues, il s'étend aussi sur tout ce qui fait l'ordinaire des jours. Aussi saint Joseph a-t-il été élu *Saint Patron des familles, saint Patron des pères de famille, des voyageurs, des artisans, des travailleurs…*

Tous ces hauts patronages font que saint Joseph est l'un des saints les plus priés (et l'un des plus exaucés). On le prie pour trouver un compagnon ou une compagne de vie, afin de fonder une famille chrétienne ; pour préserver l'unité de la famille ; son harmonie ; surmonter des difficultés, particulièrement celles relatives à l'éducation des enfants, aux finances ou à la bonne entente des époux ; pour trouver un travail ou un logement ; réussir un examen, un entretien d'embauche ou un concours ; recouvrer la santé ou la foi ; intercéder en faveur d'un malade ou d'un défunt…

On peut donc dire que le choix est extrêmement vaste tant les titres et les patronages du père adoptif et nourricier de Jésus-Christ sont nombreux

La Puissance de saint Joseph est si grande sur Le Cœur de Dieu que sainte Thérèse d'Avila, la grande réformatrice du Carmel et docteur de L'Église déclare : « *Le Très-Haut donne seulement grâce aux autres Saints pour nous secourir dans tel ou tel besoin. Mais le glorieux Saint Joseph, je le sais par expérience, étend son pouvoir à tous nos besoins.* »

En conséquence de toutes ses vertus et de toutes les grâces qu'il nous envoie du Ciel, la sainte Église a déclaré saint Joseph : *saint Patron de l'Église universelle et encore saint patron de la nouvelle évangélisation et même …. Saint Patron du IIIe millénaire !*

Saint Joseph est donc un saint d'actualité !

Marie d'Agreda, dans *la Citée mystique de Dieu*, [1] déclare : « Le Très-Haut lui a accordé, à cause de sa grande sainteté, divers privilèges en faveur de ceux qui le prendraient pour leur intercesseur et qui l'invoqueraient avec dévotion.
- Le premier est pour obtenir la vertu de chasteté et de vaincre les tentations de la chair et des sens.

---

[1] Livre approuvé par le Saint-Office en 1713 et divers papes.

- Le second, pour recevoir de puissants secours afin de sortir du péché et de recouvrer la grâce de Dieu.
- Le troisième pour acquérir par son moyen la dévotion à la très pure Marie et se disposer à recevoir ses faveurs.
- Le quatrième pour obtenir une bonne mort et une assistance particulière contre le démon en cette dernière heure.
- Le cinquième pour intimider les ennemis de notre salut par la prononciation du nom de "saint Joseph".
- Le sixième pour obtenir la santé du corps et le soulagement dans les afflictions.
- Enfin, le septième privilège est pour procurer des héritiers aux familles chrétiennes.

Dieu accorde toutes ces faveurs et beaucoup d'autres à ceux qui les lui demandent comme il faut, au nom de saint Joseph époux de la Reine du Ciel. Je prie tous les fidèles enfants de la Sainte Église de lui être bien dévots, et d'être persuadés qu'ils ressentiront les favorables effets de sa protection, s'ils se disposent dignement à les mériter et à les recevoir. »

Ainsi la balle, pourrions-nous dire, est dans notre camp ; car d'après ces révélations nous devons nous disposer dignement à « mériter ces grâces » ; c'est-à-dire montrer nos bonnes dispositions et notre bonne volonté, par exemple grâce à *une bonne confession* et des dispositions pratiques.

Ainsi que celui qui recherche un travail continue de le chercher et ne reste pas dans son canapé attendant que celui-ci vienne à lui. Telle n'est pas la méthode de Dieu, ni d'aucun saint que de tout donner sans effort. La Terre promise a été certes donnée, mais il a fallu tout de même la conquérir, Dieu secondant le bras des vaillants : « *2 parmi les fils d'Israël, il restait sept tribus qui n'avaient pas reçu leur héritage.*

3 Josué dit aux fils d'Israël : « Combien de temps encore négligerez-vous d'entrer en possession du pays que vous a donné le Seigneur, le Dieu de vos pères ? »

Dieu en effet n'est pas le Dieu des couards ou des fainéants, mais Celui des braves et des vaillants : « *ce n'est pas un esprit de timidité que Dieu nous a donné, mais un esprit de force, d'amour et de sagesse.* » (2 Th 1,7) - « *Vous n'avez point reçu un esprit de servitude, pour être encore dans la crainte, mais vous avez reçu un Esprit d'adoption, par lequel nous crions : Abba ! Père ! »* (Romains 8,15).

C'est donc Dieu et même le plus souvent Ses saints qui donnent force, intelligence, courage, sagesse et amour si on le leur demande avec foi. Car voici la méthode habituelle de La Très-Sainte-Trinité : manifester Ses Infinies Bontés au moyen de Ses élus. Ainsi, ce n'est pas Dieu Lui-même qui a annoncé Sa Venue à Marie, mais Son Ange Gabriel. Ce n'est pas non plus Jésus-Christ qui distribua Lui-même les pains lors du miracle des pains, mais Il donna de le faire à Ses disciples : « *Jésus prit les cinq pains et les deux poissons, et, levant les yeux au ciel, il prononça la bénédiction et rompit les pains ; il les donnait aux disciples pour qu'ils les distribuent à la foule. Il partagea aussi les deux poissons entre eux tous. Ils mangèrent tous et ils furent rassasiés.* » (Marc 6,41-42).

De même encore, ce n'est pas Jésus qui versa le vin aux invités des Noces de Cana, mais les serviteurs : « [7] Jésus dit à ceux qui servaient : " *Remplissez d'eau les jarres.* " Et ils les remplirent jusqu'au bord.

[8] Il leur dit : " *Maintenant, puisez, et portez-en au maître du repas.* " Ils lui en portèrent. [9] Et celui-ci goûta l'eau changée en vin. Il ne savait

pas d'où venait ce vin, mais ceux qui servaient le savaient bien, eux qui avaient puisé l'eau. » [2]

Ainsi, si Dieu effectivement est à l'origine de tout ce qui est beau, bon et vrai, il est vrai aussi que mise à part l'Incarnation, c'est à chaque fois suite à une intercession que le miracle fut opéré.

C'est donc ce que fera l'admirable saint Joseph pour vous. Comme un père, il priera Son Divin Fils (qui est aussi son Dieu). Tout vous sera accordé, si le don est conforme à votre salut. Pour favoriser cette entreprise, nous avons conçu cette Neuvaine à saint Joseph, parce que c'est souvent sous la modalité des neuvaines que saint Joseph accorde ses faveurs et que la neuvaine préparatoire à ses fêtes est le signe manifeste de notre intérêt pour lui.

---

[2] Les Noces de Cana : Jean 2,1-11.
Pour un approfondissement conséquent du miracle des Noces de Cana ou plutôt du signe de Cana, comme Jésus le dit Lui-même (Jn 10,37-38), voir notre livre sur : **Les Noces de Cana**.

La présente Neuvaine se compose d'une introduction et d'une conclusion commune à chaque jour, et pour chaque jour la lecture de deux textes, l'un de l'Ancien Testament et l'autre des évangiles. Ceux qui ne disposent que de peu de temps peuvent ne lire que l'évangile et même seulement les versets mis en gras. À la suite de cette lecture (ou ces lectures), une courte prière en rapport avec le (ou les) texte(s) est proposée.

À titre d'exemple : le premier jour, après une courte phrase d'introduction, nous invoquerons l'Esprit-Saint par deux prières au choix. Et après notamment le Notre Père nous lirons les textes de Genèse (2,8-24) et Matthieu (1,16-25). Suivra la prière propre à chaque jour avec votre demande qui y est incluse et enfin une conclusion.

Pour ceux qui désirent approfondir, nous proposons à la fin de chaque jour de neuvaine des textes pour approfondir les points abordés.

La prière centrale de chaque jour ainsi que les textes proposés sont différents, tandis que l'introduction et la conclusion sont communes aux neuf jours.

Belles et saintes neuvaines

Guy-Noël AUBRY .

Introduction

Saint Joseph est un descendant du roi David par son fils Salomon. Son rôle dans le Salut est aussi discret qu'important.

Il y a-t-il en effet un personnage plus caché que saint Joseph dans toute l'Écriture ? Cette question qui a souvent interpelé les doctes comme les simples fait dire au Cardinal Pie que : « *Le voile qui couvre le nom et la puissance du vénérable Joseph apparaît comme le prolongement du silence dans lequel il a enveloppé sa carrière mortelle.* » Cardinal Pie (1815-1880).

La justice de saint Joseph mentionnée par saint Matthieu (Mt 1,19). Cette justice doit se comprendre comme une perfection.

Le nom de *Joseph* signifie *Celui qui croît* ou encore *augmentation, accroissement*. La sens de son nom évoque ce passage des psaumes : « *Le juste croîtra comme le palmier ; il s'élèvera comme le cèdre du Liban.* » (Psaume 92,13). Le palmier en effet se dresse au-dessus de tous les autres arbres et a ceci de particulier qu'il donne des fruits délicieux, les dattes, et que son cœur se mange.

Le cèdre, lui évoque la force et la puissance protectrice, puisque son bois est précieux et durable et que les oiseaux du ciel viennent y trouver refuge.

Ce que les rois et les prophètes ont espéré (Luc 10,24), saint Joseph l'a non seulement vu et entendu, mais touché de ses mains et baisé de ses lèvres. Il en a même été *Le Protecteur et Le Gouverneur*. Les bras de saint Joseph furent le Trône de l'Enfant-Dieu sur la Terre depuis lesquels Il contemplait le monde qu'Il était venu non pas juger, mais sauver (Jn 3,16).

Seul saint Joseph a été trouvé digne par Dieu d'éduquer La Sagesse, dans son âme humaine (Lc 2,51-52) et d'être le chaste et fidèle époux de Marie, sa fille Comblée de Grâces (Lc 1,27-28). Il n'était pas bon, selon La Sagesse et L'Amour de Dieu que L'Immaculée soit seule sur la Terre. Celle qui allait devenir *la Mère de Dieu* devait avoir à ses côtés un homme digne d'elle, comme un reflet de ses perfections. Ainsi Le Père accorda sa fille Bien-aimée à saint Joseph, et corollairement à cette première distinction, de même que celui qui possède l'arbre en possède aussi le fruit, Joseph fut aussi trouvé digne d'avoir autorité sur *Le Fils de Dieu*, Notre Seigneur Bien-aimé. Il fut ainsi l'Époux de la Reine des Cieux et le père datif et légal du Christ ; son père nourricier et putatif aussi.[3]

Le Tout-Puissant confia donc à saint Joseph tout ce qu'Il avait de plus précieux en ce monde, ses deux plus grands trésors : Son Fils Jésus et sa fille pleine de grâces, L'Immaculée Mère de son divin Fils (et notre Mère dans l'ordre de la grâce).

---

[3] Saint Joseph est à la fois le père légal de Jésus, parce que c'est lui qui a donné le nom au huitième jour et qu'il a autorité sur Lui selon la loi ; son père putatif, parce que tout le monde croyait qu'il en était effectivement le père ; le père nourricier, parce qu'il l'a nourri et s'en est occupé en toute chose comme le fait tout père ; et le père datif, c'est-à-dire par décision de La Très-Sainte-Trinité. C'est de ce titre de père datif que découlent tous les autres : père adoptif ou légal, père putatif et père nourricier. Datif est un terme juridique qui signifie : Qui est attribué par décision de justice ou par testament et non par la loi. C'est bien par décision du Très-Haut que saint Joseph devint le père sur la Terre de Dieu fait homme.

Comme une mission aussi extraordinaire nécessitait une sainteté proportionnée, La Très-Sainte-Trinité dans Ses décrets éternels para saint Joseph des plus hautes vertus dues à son triple rang de : Fils parfait, d'époux parfait et de père parfait. Le Père à qui tout est soumis lui accorda la triple bénédiction d'être à la fois : son *fils de prédilection - l'Élu parmi tous les élus,* trouvé digne d'être *l'époux de L'Immaculée -* et *celui qui serait Le père de Son Fils incarné.*

Ainsi, privilège unique dans toute l'histoire des hommes, saint Joseph fut établi à la fois : *Le Fils parfait du Père* et *Le père parfait du Fils* en plus d'être *l'époux parfait de la parfaite,* L'Immaculée. De sorte que, de même que Le Tout-Puissant fit de Marie, la *Comblée de Grâces,* la plus grande de toutes les saintes de la Terre, Il fit de saint Joseph *le comblé de grâces,*[4] le plus grand de tous les saints. Et si chacun des saints de la Terre peut se réjouir d'être un fils très aimé du Père, aucun n'a eu l'honneur d'être appelé *"père"* par Le Fils de Dieu[5] : « *Dieu l'a*

---

[4] Voir la prière reconnue et récitée par l'Église : « Je vous salue Joseph, vous que la grâce divine à comblé... »

[5] Ou *"mon époux "* par Marie la Reine des Cieux Aucun des plus grands saints de la terre n'a

souverainement élevé, et lui a donné le nom qui est au-dessus de tout nom. » (Philippiens 2,9).

À un titre donné correspond un poids de gloire correspondant, et comme Dieu ne peut pas donner un titre plus élevé sur la Terre à un homme que celui de *père*, nous en déduisons qu'il n'y a aucun saint qui égale ou surpasse saint Joseph dans la gloire du Paradis, sinon La Vierge Marie, l'auguste Mère de Dieu.

De sorte que si nous voyons souvent saint Joseph représenté dans nos églises par des statues où il tient amoureusement *l'Enfant Jésus* dans un bras et *une fleur de lys* dans l'autre, symbole de sa pureté et de sa chasteté, c'est en vérité douze fleurs de lys qu'il faudrait disposer autour de notre glorieux saint. Ce nombre est bien sûr symbolique de la totalité des vertus qu'il possède [6] en commençant par la charité. C'est cet amour de saint Joseph pour

---

eu droit à un seul de ses deux honneurs – être appelé Père ou époux - et saint Joseph les a réunis tous les deux.

[6] Notre bonne mère l'Église a vu en saint Joseph toutes les vertus des saints réunies en un seul homme, et ses vertus allèrent jusqu'au terme de sa vie.

nous qui le fera venir à notre aide quand nous le sollicitons.

Une brève histoire de saint Joseph selon les évangiles

Dans les évangiles, il ne dit pas un seul mot. L'évangéliste saint Marc ne le mentionne même pas. Saint Jean en dit à peine deux mots, mais quels mots puisque c'est par référence à saint Joseph que Jésus-Christ est présenté à Nathanaël : « *Philippe trouve Nathanaël et lui dit : « Celui dont il est écrit dans la loi de Moïse et chez les Prophètes, nous l'avons trouvé : c'est Jésus fils de Joseph, de Nazareth.* » (Jn 1,45).

Saint Luc et surtout saint Matthieu y font davantage référence dans leurs deux premiers chapitres, sans toutefois donner beaucoup de détails. Ce peu d'informations ne doit pas nous méprendre sur l'importance considérable du père adoptif du Christ, car les saints docteurs ont compris que plus le mystère est grand, plus le mystère est caché. C'est pourquoi le mystère de saint Joseph qui est si caché est aussi si grand et inversement.

Ce que nous dit toute la bible directement sur saint Joseph tient en peu de mots : Joseph est *un homme juste* (Mt 1,19) descendant du roi David [7] dont le père s'appelait Jacob selon saint Matthieu (Mt 1,16) et Héli selon saint Luc (Lc 3,23).[8] Il exerçait le métier de charpentier (Mt 13,55), ce qu'il faut comprendre plutôt comme un équivalent d'artisan. Nous ne connaissons pas le nom de sa mère selon les Saintes Écritures, ni s'il avait des frères et des sœurs, [9] ni rien de son enfance.

Son nom apparaît toujours relativement à Marie et à Jésus. Nous apprenons par saint Matthieu et par saint Luc que saint Joseph et La Vierge sont entrés dans un projet de

---

[7] Voir la Généalogie du Christ selon saint Matthieu (Mt 1,1- 16) qui est en fait la généalogie de saint Joseph.

[8] Les mystiques nous révèlent que Jacob est le père que connut véritablement saint Joseph. Alors pourquoi saint Luc mentionne-t-il Héli ? Cette information est vraie aussi, à cause de la loi du Lévirat (cf. Dt 25,5-10) qui impose au frère du défunt d'épouser la veuve, si son frère venait à mourir. C'est ce que fit Jacob pour son frère Héli qui était mort. De l'union de Jacob et de Rachel naquit saint Joseph.

[9] Tous ces points sont éclairés dans l'ouvrage que nous avons précédemment écrit sur saint Joseph : **« Saint Joseph Image visible du Dieu Invisible – Alors Tu es Roi ? » Ed BOD.**

mariage. Selon la Tradition juive du mariage en deux temps, Joseph et Marie sont déjà effectivement mariés (Mt 1,18-19) mais n'ont pas encore mené vie commune (Mt 1,18), lorsque l'Archange Gabriel se présente à La Pleine de Grâce pour lui demander de devenir la Mère de Dieu fait homme (Lc 1,26-38).

Alors que saint Joseph s'interroge sur la bonne conduite à tenir, c'est-à-dire de savoir s'il doit ou pas rester marié à Marie et qu'il décide finalement de laisser toute la place à Dieu (Mt 1,20), voici que l'Ange du Seigneur se présente à Lui. Il lui demande de garder Marie comme épouse et lui indique la place qu'il aura à tenir dans l'œuvre de La Rédemption et du Salut (Mt 1,20-21).

Peu avant le terme de la grossesse de Marie, saint Joseph part avec Marie à Bethléem pour se faire recenser selon l'ordre de Quirinus, car sa famille, celle du roi David, était de cette ville (Lc 2,1-5). C'est là que naîtra Le Christ conformément aux Écritures (Mi 5,1).

Comme il n'y avait pas de place pour eux dans la salle commune (Lc 2,7), c'est dans une grotte aménagée en étable que naîtra Le Sauveur du monde entre un âne figure du peuple chrétien et un bœuf image du peuple juif (Isaïe 1,3).

La première visite à l'Enfant Dieu, dont saint Joseph était maintenant le père par décision de La Très Sainte Trinité, fut celle des bergers qui gardaient leur troupeau dans les veilles de la nuit (Lc 2,8). Avertis par un Ange du Seigneur, ils accoururent voir ce que l'Ange leur avait annoncé (Lc 2,9-18).

Au huitième jour (celui de la circoncision), Joseph donna le nom de *Jésus*, c'est-à-dire Le Seigneur sauve, à l'enfant qui venait de naître (Lc 2,21). Notre admirable saint accomplissait ainsi la loi de Moïse et l'ordre que l'Ange du Seigneur lui avait donné lorsqu'il était venu le visiter la première fois (Mt 1,21). Et c'est la seule fois où nous sommes absolument certains que saint Joseph parla assurément, car en toute chose Joseph fut obéissant à Dieu.[10]

---

[10] Marie aussi prononça ce nom sacré au-dessus de tout nom, conformément à ce que l'Ange Gabriel lui avait demandé (Lc 1,31). C'est ensemble qu'ils prononcèrent ce nom admirable. Les détails sont donnés dans le livre que nous avons déjà cité sur saint Joseph : « Saint Joseph Image Visible du Dieu Invisible… »

Peu après des mages guidés par une étoile vinrent d'orient pour adorer l'Enfant-Dieu et lui offrir des présents d'une grande valeur matérielle et symbolique : de l'or, de l'encens et de la myrrhe (Mt 2,1-12).[11] Comme les mages ne savaient pas exactement où demeurait l'Enfant, ils se rendirent à Jérusalem pour se renseigner plus précisément. Par leur visite, ils alertèrent involontairement le roi Hérode qui conçut secrètement de tuer Le Rédempteur (Mt 2,13 et 2,16). Les Mages, après leur visite, furent avertis en songe de ne pas retourner vers Hérode. Ils rentrèrent chez eux par un autre chemin (Mt 2,12).

Le roi Hérode crut un instant que les mages s'étaient trompés. Il pensait qu'ils n'avaient pas trouvé l'Enfant dont ils leur avaient fait mention, parce qu'il n'existait pas.[12] Et que, couvert de honte ils s'en étaient discrètement retournés chez eux.

---

[11] Cet épisode de La Visite des Mages à La Sainte-Famille est célébrée le six janvier (soit douze jours après Noël) ou à défaut le dimanche le plus proche entre le 2 et le 8 janvier.

[12] Cette information ne fait pas partie des évangiles, mais est donnée par la mystique

Cependant, comme il avait ses espions partout, et spécialement dans le Temple de Jérusalem,[13] il fut bientôt détrompé et alerté par ce qui lui fut rapporté des déclarations du vieillard Syméon.

Le saint vieillard avait été averti qu'il ne verrait pas la mort sans avoir vu Le Messie. Poussé par L'Esprit, il survint au moment de La Présentation de l'Enfant Jésus au Temple ; Présentation qui est le quarantième jour après Sa Naissance, soit le deux février. Et prenant l'Enfant dans ses bras, Syméon avait déclaré hautement : « *[29] Maintenant, ô Maître souverain, tu peux laisser ton serviteur s'en aller en paix, selon ta parole. [30] Car mes yeux ont vu le salut [31] que tu préparais à la face des peuples : [32] lumière qui se révèle aux nations et donne gloire à ton peuple Israël.* » (Lc, 2). Et après avoir béni les deux parents, il avait ajouté : « *Voici, cet enfant est mis pour la chute et le relèvement de plusieurs en Israël, et pour être en butte à la contradiction.* » (Lc 2,34).

Ces propos furent reportés à Hérode. Le roi sanguinaire ordonna de mettre à mort tous

---

catholique Marie d'Agreda dans la Citée Mystique de Dieu au livre 4.

[13] Cette information aussi nous est fournie par Marie d'Agreda dans le même livre.

les enfants de moins de deux ans.[14] Mais il ne put mettre à mort Le Sauveur car notre admirable saint Joseph fut averti une seconde fois en songe de la conduite à tenir : « *Après leur départ, voici que l'ange du Seigneur apparaît en songe à Joseph et lui dit : " Lève-toi ; prends l'enfant et sa mère, et fuis en Égypte. Reste là-bas jusqu'à ce que je t'avertisse, car Hérode va rechercher l'enfant pour le faire périr."* »

Alors abandonnant tout, Le Chef de La Sainte-Famille guida L'Enfant et Sa Mère vers le salut. Ils partirent de nuit pour l'Égypte, faisant ainsi le chemin inverse de celui qu'avaient fait leurs ancêtres plus d'un millier d'années auparavant quand ils fuyaient eux aussi la colère d'un autre roi, Pharaon.[15]

---

[14] La fête des saints Innocents est célébrée le 28 décembre.

[15] Les historiens estiment que l'exode eut lieu certainement en l'an -1440 (même s'ils ne sont pas tous d'accord sur cette date).
En effet, selon 1 Roi 6,1, Salomon commença à bâtir le Temple de Jérusalem 480 ans après la sortie d'Égypte la quatrième année de son règne sur Israël, durant le mois de Ziv, le deuxième mois de l'année. Cette construction ayant eut lieu approximativement en - 960, on arrive à la date probable de l'exode : -1440. Toute la question est de

La Sainte-Famille demeura en cette terre étrangère d'Égypte pendant sept ans,[16] jusqu'à ce que l'Ange du Seigneur avertisse de nouveau saint Joseph que le temps était venu de retourner en Israël : « *Après la mort d'Hérode, voici que l'ange du Seigneur apparaît en songe à Joseph en Égypte et lui dit : " Lève-toi ; prends l'enfant et sa mère, et pars pour le pays d'Israël, car ils sont morts, ceux qui en voulaient à la vie de l'enfant." Joseph se leva, prit l'enfant et sa mère, et il entra dans le pays d'Israël.* » (Mt 2,19-22).

Cependant, Joseph jugea plus prudent de ne pas se placer sous le pouvoir d'Archélaüs, le fils aîné d'Hérode, car celui-ci était aussi cruel et sanguinaire que son père (Mt 2,22a). Alors, une quatrième fois l'Ange du Seigneur vint le visiter et il fut averti en songe qu'il devait s'établir à Nazareth (Mt 2,22b) - « *Tu me conduiras par Ton Conseil, et puis Tu me recevras dans La Gloire.* » (Psaume 73,24).

---

savoir si cette date de moins 960 est véritablement exacte.

[16] Cette information est donnée par la mystique catholique Marie d'Agreda dans son livre : « La Cité mystique de Dieu. » Ce livre est reconnu par l'Église catholique.

C'est dans cet humble village inconnu du plus grand nombre à l'époque que Notre Seigneur grandit dans la plus grande discrétion. : « *Les œuvres de Dieu sont admirables, mais elles sont cachées aux yeux des hommes.* » (Siracide 11,4).

Aucun épisode de la vie familiale à Nazareth ne nous est relaté, sinon l'épisode de Jésus perdu pendant trois jours au moment de la fête de la Pâque, puis retrouvé dans le Temple de Jérusalem discutant avec les docteurs de la loi (Luc 2,41-51). C'est en cet endroit que nous voyons L'Immaculée Mère de Dieu donner à saint Joseph cet admirable titre de "père" ce qui place l'incomparable Joseph au-dessus de toute bénédiction terrestre.

C'est aussi en cet épisode de Jésus perdu puis retrouvé au Temple que nous entendons parler de saint Joseph pour la dernière fois. Il n'apparaît plus dans les évangiles, pas même aux Noces de Cana[17] où pourtant la Mère de Jésus était invitée, ainsi que Jésus avec ses

---

[17] Les Noces de Cana : Jean 2,1-11

disciples et même ses frères ; c'est-à-dire sa parenté.[18]

Selon la Tradition chrétienne, saint Joseph remis son dernier souffle entre son fils Jésus-Christ et Marie son épouse, peu de temps avant que Le Ministère public du Sauveur ne commence. Jamais une mort n'a été si bien entourée et c'est pourquoi la sainte Église a déclaré saint Joseph Patron de la bonne mort.

Et comme Dieu n'est pas le Dieu des morts, mais des vivants (Mc 12,27), c'est au Ciel et bien vivant que saint Joseph intercède pour chacun de nous.

---

[18] Marie est La Toujours Vierge. Jésus-Christ n'a donc pas de frères et de sœurs selon la chair, mais il en a une multitude selon L'Esprit, c'est-à-dire dans l'ordre de la grâce. Voir Jean 20,17 : « Va trouver mes frères pour leur dire que je monte vers mon Père et votre Père, vers mon Dieu et votre Dieu. » Et Romains 8,29 : « Ceux que, d'avance, il connaissait, il les a aussi destinés d'avance à être configurés à l'image de son Fils, pour que ce Fils soit le premier-né d'une multitude de frères. »

Pourquoi passer par un Intercesseur et pourquoi penser à saint Joseph ?

Pourquoi passerions-nous par un Intercesseur ? Parce que c'est la méthode de Dieu, celle que Lui-même utilise et qu'Il commande d'utiliser. Nous suivons Son Exemple et nous obéissons à Sa Parole. Voici ce que dit Dieu, dans le livre de Job. Dieu s'adressa aux amis de Job et leur déclara : « *Allez trouver mon serviteur Job. Offrez un holocauste en votre faveur, et <u>Job mon serviteur intercédera pour vous.</u> Uniquement par égard pour lui, je ne vous infligerai pas l'infamie méritée pour n'avoir pas parlé de moi avec justesse, comme l'a fait mon serviteur Job.* » (Job 42,8).

Si donc Job qui n'est pas le père de Jésus-Christ selon la loi et qui ne l'a pas nourri non plus, ni porté, ni défendu, est en si grande estime auprès du Dieu Tout-Puissant, combien plus Notre admirable saint Joseph qui a passé trente ans, ou presque, en compagnie intime du Sauveur et qui a accompli toutes ces œuvres.

Ce n'est pas le seul endroit de la bible où l'intercession apparaît clairement. On peut citer

Abraham qui discute avec Dieu pour tenter de sauver les villes de Sodome et Gomorrhe :

« ²³ *Abraham s'approcha et dit : « Vas-tu vraiment faire périr le juste avec le coupable ? ²⁴ Peut-être y a-t-il cinquante justes dans la ville. Vas-tu vraiment les faire périr ? Ne pardonneras-tu pas à toute la ville à cause des cinquante justes qui s'y trouvent ? »* (Genèse 18)

Moïse qui demande avec force à Yahvé-Dieu de calmer Sa Colère, bien que les israélites eussent commis un grave crime d'idolâtrie : *« Moïse apaisa le visage du Seigneur son Dieu en disant : « Pourquoi, Seigneur, ta colère s'enflammerait-elle contre ton peuple, que tu as fait sortir du pays d'Égypte par ta grande force et ta main puissante ?* (Exode 32, 11).

Les quatre hommes qui passent par le toit et déposent un paralytique aux pieds de Jésus pour qu'il le guérisse : « ³ *Arrivent des gens qui lui amènent un paralysé, porté par quatre hommes. ⁴ Comme ils ne peuvent l'approcher à cause de la foule, ils découvrent le toit au-dessus de lui, ils font une ouverture, et descendent le brancard sur lequel était couché le paralysé. ⁵ Voyant leur foi, Jésus dit au paralysé : « Mon enfant, tes péchés sont pardonnés. »* (Marc, 2).

Le fonctionnaire royal qui intercède pour son fils qui se meurt : « ⁴⁹ *Le fonctionnaire royal lui dit : " Seigneur, descends, avant que mon enfant ne meure ! " ⁵⁰ Jésus lui répond : " Va, ton fils est vivant. " L'homme crut à la parole que Jésus lui avait dite et il partit. »* (Jean, 4).

La femme Syrophénicienne pour sa fille possédée par le démon : « *Cette femme était païenne, syro-phénicienne de naissance, et elle lui demandait d'expulser le démon hors de sa fille.* » (Mc 7,26) et bien d'autres exemples encore…

Ainsi, c'est au moyen de l'intercession que Dieu accorde ses grâces. C'est pourquoi le prophète Jérémie donne ce précieux conseil : « *Que ceux qui ont avec eux la parole de Dieu, qu'ils intercèdent aussi auprès de Dieu.* » (Jr 27,18)

Et qui donc plus que saint Joseph et Marie ont eu la Parole de Dieu avec eux ? La réponse est évidente : personne. C'est pourquoi en faisant nos demandes à saint Joseph, nous serons exaucés : « *La prière des justes est agréable à Dieu.* » (Proverbes 15,8).

En effet, plus cette intimité du saint est grande avec Dieu et plus l'intercession est efficace et plus nos prières ont de chance d'être exaucées. C'est la raison pour laquelle une (ou plusieurs) Neuvaines à saint Joseph, le père adoptif, putatif, datif et nourricier du Christ est une idée très judicieuse, car c'est souvent par le moyen des neuvaines que saint Joseph exauce.

Une autre possibilité, alliée à la neuvaine, est d'écrire une lettre au saint patriarche Joseph. Il faut s'adresser à lui le plus simplement possible, comme à un père puissant et plein de tendresse à qui l'on confie toutes nos peines et nos difficultés.

Nous pouvons aussi lui confier nos joies et nos espoirs, car lorsqu'on écrit à ses parents, on ne leur parle pas que de ce qui ne va pas. Aussi, penser à rendre grâce dans la lettre est une excellente idée.

La lettre peut être écrite en famille, en couple, en communauté ou à titre individuel. Nous donnons juste après un exemple rédigé selon la modalité du "je" qu'il suffit de changer en "nous" si plusieurs personnes écrivent.

Exemple de lettre à saint Joseph

Admirable et si humble père saint Joseph, je sais que tu veilles sur moi du haut des cieux, cependant, je sais aussi que Le Christ Notre Seigneur nous a invité à demander avec foi tout ce que nous voulons.[19] C'est pourquoi je t'écris aujourd'hui pour te présenter :
- Cette situation […la décrire ici]
- Cette personne (ou ces personnes) […Indiquer leur prénom et votre lien avec elle(s). S'agit-il de votre fils ou de votre fille, de vos parents, de la famille plus éloignée, d'un ami, d'un collègue, d'un prêtre, d'une connaissance, d'une personne inconnue…]
- Ma peine […écrire ce qui vous tracasse]
- Ma difficulté […la décrire ici]
- Mon projet […l'exposer ici]
- Mon désir ou mon souhait …

---

[19] « Tout ce que vous demanderez avec foi par la prière, vous le recevrez. » (Matthieu 21,24). « Tout ce que vous demanderez en priant, croyez que vous l'avez déjà reçu, et vous le verrez s'accomplir. » (Marc 11,24)

D'autres références équivalentes ont été mises en annexe.

Je te demande sincèrement de bien vouloir résoudre : cette situation, ce problème, cette difficulté de santé, de travail, financière, relationnelle… ou que se réalise ce projet, cette entreprise… s'il te plaît père saint Joseph / Ou je te demande de bien vouloir exaucer ma prière / ou de me donner les moyens de l'exaucer.

Je te rends grâce aussi de tout ce qu'il y a de bon dans ma vie [énumérer ici ce à quoi vous pensez…] et je te prie d'ouvrir davantage encore mon âme à la gratitude et aux bénédictions de Dieu dans ma vie.

Je sais que tu m'as entendu et j'espère fermement que tu exauceras ma prière quand le temps sera venu.

Faut-il choisir une date particulière pour faire cette Neuvaine ?

Même s'il est particulièrement indiqué de faire une neuvaine préparatoire aux deux grandes fêtes de saint Joseph,[20] celle du 19

---

[20] Et même plusieurs. Les vrais dévots à saint Joseph font parfois trois neuvaines successives

mars (ou du 20 mars)[21] et celle du premier mai, il n'est pas obligatoire d'attendre le 10 ou le 11 mars pour commencer une neuvaine à saint Joseph, ni le 22 mars (ou 23 mars) pour la fête du premier mai.

La Neuvaine peut être débutée à tous moments de l'année, même si ces dates sont comme des rendez-vous d'amour où Dieu accorde à ses saints d'agir plus libéralement encore qu'à l'accoutumée

Il ne faut donc pas restreindre les Neuvaines à saint Joseph à ces uniques dates. Comme le jour traditionnel de saint Joseph est le mercredi, on peut choisir de débuter une neuvaine ce jour-là ou mieux encore la terminer pour ce jour (car cette façon de procéder est plus en accord avec ce que fait l'Église : terminer une neuvaine le jour de la fête ou le jour précédent).

Et puisque le premier vendredi du mois est consacré au Sacré-Cœur et que le premier samedi du mois l'est au Cœur Immaculé de

---

pour préparer sa fête principale du 19 Mars. Ils commencent donc leur première neuvaine le 19 ou le 20 février

[21] Quand le 19 mars tombe un dimanche, la Solennité de saint Joseph est célébrée le 20 mars.

Marie, on peut privilégier le premier mercredi du mois, à moins qu'on estime que Notre Seigneur doit être honoré le premier dans le mois et alors on privilégie le second mercredi du mois.

En tout état de cause, une Neuvaine à saint Joseph peut être débutée en dehors de ces jours privilégiés, surtout s'il y a une urgence ou que vous vous sentez inspiré de la faire. Le choix des dates est donc finalement libre.

Quelques suggestions pour une Neuvaine réussie !

Pour que notre Neuvaine réussisse, il faut prendre quelques dispositions de cœur, par exemple en allant au Sacrement de la réconciliation et en pardonnant ou inversement en demandant pardon. Certes, c'est là parfois un effort conséquent et Satan vous dissuadera de ces entreprises employant toutes ses ruses et ses astuces, en particulier pour les plus courantes : « cela ne sert à rien - pourquoi t'embêtes-tu pour si peu - c'est trop difficile - ... » N'oubliez pas que c'est l'ennemi de vos âmes et qu'il a juré votre perte. Aussi c'est tout l'inverse de ses conseils qu'il faut mettre en œuvre :

Certaines dispositions pratiques telles que marquer la date de la neuvaine sur un calendrier ou un agenda papier ou électronique ou mettre un rappel sur le téléphone pour aussi simple qu'ils soient à mettre en œuvre sont très efficaces. L'affaire est d'importance, ne compter pas uniquement sur votre mémoire pour vous le rappeler, deux précautions valent mieux qu'une seule.

La mise en œuvre de *dispositions pratiques* renforce l'assurance de faire effectivement la neuvaine jusqu'à son terme.

Par exemple, nous pouvons aussi *installer un petit coin de prière*. Très peu de choses sont en réalité nécessaire. Le dessus d'un meuble que l'on a libéré peut faire l'affaire, un tabouret peut faire office de coin prière, même si un objet plus digne est préférable. Il suffit d'y une nappe (ou à défaut une belle serviette blanche), une croix, une bougie et le livre, un livret de chant, la bible...

La police d'écriture de ce livre a été sélectionnée pour en faciliter la lecture et que celle-ci soit agréable. Si malgré toutes nos précautions *vos lunettes* sont encore nécessaires, il est préférable de *les poser à côté de l'ouvrage*.

Si d'autres personnes sont dans la maison, assurez-vous qu'elles ne vous solliciteront pas pendant la prière de la neuvaine. Prévenez-les de votre indisponibilité momentanée. Si ce sont des enfants dont vous vous occupez faites-les participer à la neuvaine (ou au moins une partie) ou encore, mettez-les en activité autonome.

Toujours vis-à-vis des dispositions pratiques, il est en général plus simple de *choisir toujours la même heure* autant que faire se peut.

Le désir aussi est une part importante de la réussite d'une neuvaine. Il peut et il doit être nourri par une *pensée répétée* et par *la ferme conviction* qu'on obtiendra l'exaucement de notre demande.

Les dispositions de cœur avec lesquelles nous récitons la neuvaine à saint Joseph sont aussi très importantes Cette récitation a entre autres pour but de tourner davantage notre cœur vers saint Joseph et vers Dieu, et *d'entrer jour après jour dans une intimité plus grande avec eux.*

Il faut donc passer ce temps de prière, non comme une contrainte ou une course de vitesse, ou encore un travail à effectuer, mais comme un rendez-vous d'amour. Voici donc le moment de ne penser à rien et de relâcher toute tension. C'est en ayant ce *cœur ouvert et disponible* que la Neuvaine à saint Joseph produira le plus de fruits.

Dieu avait demandé au roi David ce qu'il lui plairait de recevoir et le roi David lui avait répondit : « *Donne à ton serviteur un cœur attentif et qui sache écouter* » (1 Roi 3,9). Cette réponse plut beaucoup à Dieu qui lui accorda la sagesse et avec elle vint à David une quantité incalculable de bénédictions spirituelles et matérielles. Soyez donc attentifs à ce que vous dit L'Esprit de Dieu ou saint Joseph, quoiqu'il ne parle pas beaucoup, mais se manifeste plutôt par des circonstances favorables dont il faut savoir tirer profit et des coïncidences.

Dans le même ordre d'idée de souplesse, il ne faut pas hésiter à s'écarter un peu du chemin qui vous est proposé par cette neuvaine particulière si on s'y sent appelé. Des idées viendront sûrement à vous, il faut a priori les écouter. Prenez donc aussi un carnet et un stylo quand vous ferez votre Neuvaine à saint Joseph. Montrez-vous donc *disponible, docile et attentif*, ici est le meilleur conseil.

Enfin, au cours de la Neuvaine, n'hésitez pas à vous montrer audacieux pour la réalisation de votre désir. Dieu aime ceux qui sont vrais. Si par exemple vous demandez une guérison et que vous ne faites aucune démarche pour l'obtenir (par exemple manger mieux, vous reposer, faire un peu d'exercice dans la nature, prier, pardonner, aller à vos rendez-vous médicaux...) on peut réellement se demander si vous voulez vraiment guérir.

Il faut faire notre part, Dieu fera la sienne et ici en l'occurrence saint Joseph. Aux Noces de Cana, ce n'est pas Notre Seigneur qui a rempli les six jarres de pierre d'eau, mais les serviteurs et ils le firent avec promptitude et jusqu'au bord (cf. Jn 2,1-11).

La prière et l'action ne sont pas séparées. La prière guide l'action et la soutient : « *Prie car tout dépend de Dieu, mais agis comme si tout dépendait de toi.* » (St Ignace de Loyola). Comme dit le dicton : « *Dans la tempête, prie Dieu et n'oublie pas de ramer* ». Dieu inspire au rameur la direction dans laquelle il doit porter ses efforts, s'il ne la connaît pas, et lui donne la force de ramer bien au-delà de ce qu'il serait capable de faire sans Son Aide.

L'action, donc, honore la prière parce qu'elle se met à son service et permet son expression dans le monde. Nous avons donc un cercle vertueux qui commence par la prière : prière – action – prière -action – prière - …

Ouvrez donc l'œil physique et spirituel sur ce qui vous permettrait d'atteindre votre but ou même de vous en approcher, car il peut arriver que plusieurs neuvaines soient nécessaires, surtout quand nous sommes impatients, car Dieu nous modèle aussi par ce moyen. *« Soyez persévérant dans la prière »* (Romains 12,12).

Comment prier cette Neuvaine ?

La Neuvaine se compose d'une introduction et d'une conclusion commune à chaque jour, et pour chaque jour la lecture de deux textes, l'un de l'Ancien Testament et l'autre des évangiles. Ceux qui ne disposent que de peu de temps peuvent ne lire que l'évangile et même seulement les versets mis en gras.

À la suite de cette lecture (ou ces lectures), une courte prière en rapport avec le (ou les) texte(s) est proposée. Ceux qui désirent approfondir peuvent le faire avec les textes que nous proposons à la fin de chaque jour.

La Neuvaine se présente schématiquement ainsi :

1) **Introduction commune aux neuf jours :**

- **Signe de Croix** : *"Au nom du Père et du Fils et du Saint-Esprit"*

- *Seigneur je me mets en Ta Sainte Présence et celle de tous les saints, spécialement saint Joseph que nous désirons honorer et solliciter, lui qui est dans la gloire avec Toi et que Tu as établi Maître de Ta Maison et Prince de tous tes Biens.*

- **Prière à L'Esprit-Saint** (réciter une des deux prières au choix)

- **Credo** : *Je crois en Dieu*

- **Confiteor** (le premier jour au moins et chaque jour où on s'y sent appelé) : *Je confesse à Dieu Tout-Puissant…*

- **Un Notre Père :** *Notre Père qui es aux Cieux*

2) **Partie variant chaque jour composée d'un ou deux textes et de la courte prière méditative sur saint Joseph dans laquelle notre demande est introduite.**

3) Conclusion

- **Une prière à la Vierge Marie.**
  Je vous salue Marie. Ou une autre prière qui honore la Vierge, comme : " *Ô glorieuse Dame* " ou " *Auguste Reine des Cieux* ". [22]

- **Une prière à saint Joseph**
  Par exemple : *Un " je vous salue Joseph"* ou " *La grande litanie de saint Joseph* " ou " *les Salutations de saint Jean Eudes* "[23] ou encore une des prières que Jésus-Christ a enseignées aux voyants des apparitions reconnues d'Itapiranga au Brésil sur saint Joseph.

- **Acte d'espérance** (non obligatoire, mais vivement conseillée) : « *Mon Dieu, j'espère avec une ferme confiance que Vous me donnerez…* »

- **Gloire au Père :** *Gloire au Père et au Fils et au Saint-Esprit…*

---

[22] L'important est d'honorer La Mère de Dieu et l'épouse de saint Joseph en lui adressant la prière de son choix.

[23] Ces deux litanies sont reportées en fin de livret.

Prières de l'introduction commune à tous les jours

Première Prière à L'Esprit-Saint : Veni creator

"Viens, Esprit Créateur nous visiter,
Viens éclairer l'âme de tes fils,
Emplis nos cœurs de grâce et de lumière,
Toi qui créas toute chose avec amour,

Toi le don, l'envoyé du Dieu très haut,
Tu t'es fait pour nous le défenseur,
Tu es l'amour, le feu, la source vive,
Force et douceur de la grâce du Seigneur,

Donne-nous les sept dons de ton amour,
Toi le doigt qui œuvres au nom du Père,
Toi dont il nous promit le règne et la venue,
Toi qui inspires nos langues pour chanter,

Mets en nous ta clarté, embrase-nous,
En nos cœurs, répands l'amour du Père,
Viens fortifier nos corps dans leur faiblesse,
Et donne-nous ta vigueur éternelle,

Chasse au loin l'ennemi qui nous menace,
Hâte-toi de nous donner la paix,
Afin que nous marchions sous ta conduite,
Et que nos vies soient lavées de tout péché,

Fais-nous voir le visage du Très-Haut,
Et révèle-nous celui du Fils,
Et toi l'Esprit commun qui les rassemble,
Viens en nos cœurs, qu'à jamais nous croyions en toi,

Gloire à Dieu notre Père dans les cieux,
Gloire au Fils qui monte des enfers,
Gloire à l'Esprit de force et de sagesse,
Dans tous les siècles des siècles, Amen."

Deuxième Prière à L'Esprit-Saint : Veni Sancte spiritus

"Viens, Esprit Saint, et envoie du haut du ciel un rayon de ta lumière.
Viens en nous, père des pauvres, viens, dispensateur des dons, viens, lumière de nos cœurs.
Consolateur souverain, hôte très doux de nos âmes adoucissante fraîcheur.

Dans le labeur, le repos, dans la fièvre, la fraîcheur, dans les pleurs, le réconfort.

Ô lumière bienheureuse, viens remplir jusqu'à l'intime le cœur de tous tes fidèles.
Sans ta puissance divine, il n'est rien en aucun homme, rien qui ne soit perverti.

Lave ce qui est souillé, baigne ce qui est aride, guéris ce qui est blessé.
Assouplis ce qui est raide, réchauffe ce qui est froid, rends droit ce qui est faussé.

À tous ceux qui ont la foi et qui en toi se confient donne tes sept dons sacrés.
Donne mérite et vertu, donne le salut final donne la joie éternelle. Amen."

Credo - Je crois en Dieu.

Je crois en Dieu, le Père tout-puissant, Créateur du ciel et de la terre.
Et en Jésus Christ, son Fils unique, notre Seigneur ;
Qui a été conçu du Saint-Esprit, est né de la Vierge Marie,

À souffert sous Ponce Pilate, a été crucifié, est mort et a été enseveli, est descendu aux enfers ;

Le troisième jour est ressuscité des morts, Est monté aux cieux, est assis à la droite de Dieu le Père tout-puissant, d'où il viendra juger les vivants et les morts.

Je crois en l'Esprit-Saint, à la sainte Église catholique, à la communion des saints, à la rémission des péchés, à la résurrection de la chair, à la vie éternelle. Amen

Confiteor

Je confesse à Dieu Tout-Puissant, je reconnais devant mes frères que j'ai péché, en pensée, en parole, par action et par omission.
Oui, j'ai vraiment péché ; c'est pourquoi je supplie la Vierge Marie, les Anges et tous les Saints, et vous aussi mes frères, de prier pour moi le Seigneur Notre Dieu.

Prières de la Conclusion commune à tous les jours

" Je vous Salue Marie " :

Je vous salue Marie, pleine de grâce Le Seigneur est avec vous, vous êtes bénie entre toutes les femmes et Jésus, le fruit de vos entrailles, est béni.
Sainte Marie, Mère de Dieu, priez pour nous, pauvres pécheurs maintenant et à l'heure de notre mort. Amen

"Auguste Reine des Cieux " :

« Auguste Reine des Cieux, souveraine Maîtresse des Anges, Vous qui, dès le commencement, avez reçu de Dieu le pouvoir et la mission d'écraser la tête de Satan, nous Vous le demandons humblement, envoyez vos Légions célestes pour que, sous Vos ordres, et par Votre puissance, elles poursuivent les démons, les combattent partout, répriment leur audace et les refoulent dans l'abîme.

Qui est comme Dieu ?

Ô bonne et tendre Mère, Vous serez toujours notre Amour et notre Espérance. Ô divine Mère, envoyez les saints Anges pour me défendre et repousser loin de moi le cruel ennemi. Saints Anges et Archanges, défendez-nous, gardez-nous. Ainsi soit-il »

" Ô Glorieuse Dame " :

« Ô glorieuse Dame, élevée au-dessus des astres, qui de votre Sein sanctifié avez allaité providentiellement votre Créateur.

Ce que la triste Eve nous enleva, Vous le rendez par votre sainte Fécondité ;
Vous êtes la Voie qui fait entrer au Ciel ceux qui pleurent. Vous êtes la Porte du grand Roi, l'éclatante Entrée de la Lumière.

Applaudissez à la vie donnée par la Vierge, ô peuples rachetés. Gloire à Vous, Seigneur, qui êtes né de la Vierge, ainsi qu'au

Père et au Saint-Esprit dans les siècles des siècles. Ainsi soit-il. »

" Je vous salue Joseph " :

Je vous salue, Joseph, Vous que la grâce divine a comblé. Le sauveur a reposé entre vos bras et grandi sous vos yeux.

Vous êtes béni entre tous les hommes et Jésus, l'enfant divin de votre virginale épouse est béni.

Saint Joseph, donné pour père au Fils de Dieu, priez pour nous dans nos soucis de famille, de santé et de travail, jusqu'à nos derniers jours, et daignez nous secourir à l'heure de notre mort. Amen.

" Je vous salue Joseph, Fils de David " :

« Je vous salue Joseph, Fils de David, homme juste et virginal, la sagesse est avec vous. Vous êtes béni entre tous les hommes et Jésus, le fruit de votre fidèle épouse Marie, est béni.

Saint Joseph, père digne, protecteur de Jésus-Christ et de la sainte Église, priez pour nous pécheurs, obtenez-nous la sagesse divine de Dieu, et secourez-nous à l'heure de notre mort. Amen. »

Récitation de l'Acte d'espérance :

« Mon Dieu, j'espère avec une ferme confiance que Vous me donnerez, par les mérites de Notre-Seigneur Jésus-Christ, Votre grâce en ce monde et le bonheur éternel dans l'autre, parce que Vous l'avez promis et que Vous êtes toujours fidèle dans Vos promesses. »

Gloire au Père :

Gloire au Père, et au Fils, et au Saint-Esprit. Comme il était au commencement, maintenant et toujours, Et dans les siècles des siècles. Amen.

Premier jour : Saint Joseph et Adam – Le songe de saint Joseph

Premier jour

Introduction :

- **Signe de Croix :** *"Au nom du Père et du Fils et du Saint-Esprit"*

- *Seigneur je me mets en Ta Sainte Présence et celle de tous les saints, spécialement saint Joseph que nous désirons honorer et solliciter, lui qui est dans la gloire avec Toi et que Tu as établi Maître de Ta Maison et Prince de tous tes Biens.*

- ***Prière à L'Esprit-Saint***

- ***Credo*** *: Je crois en Dieu...*
- ***Confiteor*** *: Je confesse à Dieu Tout-Puissant..*
- ***Notre Père*** *: Notre Père qui es aux Cieux...*

Du livre de la Genèse (2,8-24) :

« **2,8 Le Seigneur Dieu dit : " Il n'est pas bon que l'homme soit seul. Je vais lui faire une aide qui lui correspondra. "** 19 Avec de la terre, le Seigneur Dieu modela toutes les bêtes des champs et tous les oiseaux du ciel, et il les amena vers l'homme pour voir quels noms il leur donnerait. C'étaient des êtres vivants, et l'homme donna un nom à chacun. ²⁰ L'homme donna donc leurs noms à tous les animaux, aux oiseaux du ciel et à toutes les bêtes des champs. Mais il ne trouva aucune aide qui lui corresponde. ²¹ Alors le Seigneur Dieu fit tomber sur lui un sommeil mystérieux, et l'homme s'endormit. Le Seigneur Dieu prit une de ses côtes, puis il referma la chair à sa place. ²² Avec la côte qu'il avait prise à l'homme, il façonna une femme et il l'amena vers l'homme. ²³ L'homme dit alors : " *Cette fois-ci, voilà l'os de mes os et la chair de ma chair ! On l'appellera femme – Ishsha –, elle qui fut tirée de l'homme – Ish.* " ²⁴ À cause de cela, l'homme quittera son père et sa mère, il s'attachera à sa femme, et tous deux ne feront plus qu'un.

De l'évangile de saint Matthieu (1,16 -25) :

« Mt 1,16 Jacob engendra Joseph, l'époux de Marie, de laquelle fut engendré Jésus, que l'on appelle Christ… 1,18 Voici comment fut engendré Jésus Christ : Marie, sa mère, avait été accordée en mariage à Joseph ; elle fut enceinte par l'action de l'Esprit Saint, avant qu'ils aient habité ensemble. **¹⁹ Joseph, son** époux, qui était un homme juste et qui ne voulait pas la diffamer, se proposa de rompre secrètement avec elle. **1,20 Comme il y pensait, voici, un ange du Seigneur lui apparut en songe, et dit :** " *Joseph, fils de David, ne crains pas de prendre avec toi Marie, ton épouse, car l'enfant qu'elle a conçu vient du Saint-Esprit,* 1,21 *elle enfantera un fils, et tu lui donneras le nom de Jésus* (c'est-à-dire **Le Seigneur Sauve**) *; c'est lui qui sauvera son peuple de ses péchés.* »

1,22 Tout cela arriva afin que s'accomplisse ce que le Seigneur avait annoncé par le prophète : 1,23 Voici, la vierge sera enceinte, elle enfantera un fils, et on lui donnera le nom d'Emmanuel, ce qui signifie Dieu avec nous.

1,24 Joseph s'étant réveillé fit ce que l'ange du Seigneur lui avait prescrit, et il prit sa femme avec lui. 1,25 Mais il ne la connut point jusqu'à ce qu'elle eût enfanté un fils, auquel il donna le nom de Jésus. » (St Matthieu).

Prière Méditative :

« Glorieux et aimable saint Joseph, père adoptif et nourricier de Notre Seigneur Jésus-

Christ, je viens auprès de vous plein de confiance pendant neuf jours pour vous honorer et vous solliciter. Vous avez été le premier adorateur de Dieu fait homme avec Marie, et Jésus vous a infiniment aimé. Vous étiez le Représentant de Dieu Le Père sur La Terre auprès du Fils, et celui du Saint-Esprit auprès de La Vierge Marie, L'Immaculée. Nul ne jouit au ciel d'un plus grand prestige que vous parmi les élus et tous s'inclinent devant vous.

Dieu a voulu faire naître Son Fils dans une famille dont vous seriez Le Chef. Il voulait pour Son Fils plein de grâce et de vérité une mère comblée de grâce et un père qui serait le reflet des perfections de Sa Mère, et ce père c'est vous admirable saint Joseph.

Au commencement, Dieu avait dit, *il n'est pas bon que l'homme soit seul,* ***Je vais lui faire une aide qui lui correspondra.*** Et il mit Ève aux côtés d'Adam.

Cependant Ève fut tirée de la chair ; or ce qui est chair est chair tandis que ce qui est Esprit est Esprit. Quand Dieu reprenant l'histoire à rebours créa l'Ève Nouvelle, Marie, votre épouse immaculée, Il désira placer à ses côtés un homme digne de ses perfections, car Il jugea qu'il ne serait pas bon que la femme promise depuis la genèse demeure seule. Il plaça donc aux côtés de Notre Mère un nouvel Adam qui serait le père de L'Agneau de Dieu, Le Nouvel Abel, sacrifié pour le Salut du monde ; et cet homme, ce nouvel Adam, c'est vous, père saint Joseph.

Et de même que toutes choses étaient soumises à Adam, au commencement du monde, au commencement du monde nouveau, Le Fils de Dieu vous était soumis ; de sorte que par Lui tout vous est soumis père saint Joseph.

C'est pourquoi je viens à vous, en dépit de mes péchés et de mes faiblesses, et plein d'une audacieuse confiance je vous demande [Exprimez ici votre demande…]

Souvenez-vous, ô très chaste époux de Notre Mère Marie, ô mon tendre Père, que je suis aussi votre fils (votre fille), ne méprisez pas ma prière (nos prières), mais daignez l'exaucer promptement. Ainsi soit-il. »

Conclusion :

- **Prière au choix à la Vierge Marie** :
  " Je vous Salue Marie"
  " Auguste Reine des Cieux "
  " Ô glorieuse Dame "

- **Prière au choix à saint Joseph** (les litanies sont en fin de livret)
  " Je vous salue Joseph "
  " Je vous salue Joseph, Fils de David "
  " Grandes litanies de saint Joseph "
  " Salutations de saint Jean Eudes à saint Joseph"

- **Récitation de l'Acte d'espérance** :

« Mon Dieu, j'espère avec une ferme confiance que Vous me donnerez, par les mérites de Notre-Seigneur Jésus-Christ, Votre grâce en ce monde et le bonheur éternel dans l'autre, parce que Vous l'avez promis et que Vous êtes toujours fidèle dans Vos promesses. »

- **Gloire au Père :**

Pour aller plus loin

Exemples de lectures possibles :

- **Genèse (15, 1-18)** : « La parole du Seigneur fut adressée à Abram dans une vision : « Ne crains pas, Abram ! Je suis un bouclier pour toi. Ta récompense sera très grande… Ce jour-là, le Seigneur conclut une alliance avec Abram… »

- **Luc (1,26-38)** : « Le sixième mois, l'ange Gabriel fut envoyé par Dieu dans une ville de Galilée, appelée Nazareth… à une jeune fille vierge, accordée en mariage à un homme de la maison de David, appelé Joseph ; et le nom de la jeune fille était Marie… »

- **Isaïe (41, 10-16)** : « C'est moi, Le Seigneur Ton Dieu, qui saisis ta main droite, et qui te dis : "Ne crains pas, moi, Je viens à ton aide." »

Deuxième jour : La Naissance du Sauveur - Saint Joseph et Joseph prince d'Égypte

Deuxième jour

Introduction :

- **Signe de Croix :** *"Au nom du Père et du Fils et du Saint-Esprit "*.

- *Seigneur je me mets en Ta Sainte Présence et celle de tous les saints, spécialement saint Joseph que nous désirons honorer et solliciter, lui qui est dans la gloire avec Toi, et que Tu as établi Maître de Ta Maison et Prince de tous Tes Biens.*

- *Prière à L'Esprit-Saint*

- *Credo : Je crois en Dieu*
- *Confiteor : Je confesse à Dieu Tout-Puissant..*
- *Notre Père : Notre Père qui es aux Cieux*

- **Du livre de La Genèse (41,38-46) :**

« ³⁸ Pharaon leur dit : *" Trouverons-nous un homme comme celui-ci, qui a l'esprit de Dieu en lui ? "*
³⁹ **Alors, Pharaon dit à Joseph :** *"Dès lors que Dieu t'a fait connaître tout cela, personne ne*

peut être aussi intelligent et aussi sage que toi. " ⁴⁰ *C'est toi qui auras autorité sur ma maison ; tout mon peuple se soumettra à tes ordres ; par le trône seulement, je serai plus grand que toi. "*

⁴¹ **Pharaon dit à Joseph :** *"Vois ! Je t'établis sur tout le pays d'Égypte. "* ⁴² Il ôta l'anneau de son doigt et le passa au doigt de Joseph ; il le revêtit d'habits de lin fin et lui mit autour du cou le collier d'or. ⁴³ Il le fit monter sur son deuxième char et on criait devant lui : *"À genoux ! "* Et ainsi il l'établit sur tout le pays d'Égypte. ⁴⁴ Pharaon dit encore à Joseph : *" Je suis Pharaon. Mais sans ta permission, personne ne lèvera le petit doigt dans tout le pays d'Égypte. "* ⁴⁵ Pharaon appela Joseph Safnath-Panéah [24] et lui donna pour femme Asnath, fille de Poti-Phéra, prêtre de One. Alors Joseph partit inspecter le pays d'Égypte. ⁴⁶ Joseph avait trente ans quand il se tint en présence de Pharaon, le roi d'Égypte. »

- **De l'évangile de Saint Luc (2,1-7) :**

« ¹ En ces jours-là, parut un édit de l'empereur Auguste, ordonnant de recenser

---

[24] Ce nom signifie : celui par qui nous recevons le pain

toute la terre – ² ce premier recensement eut lieu lorsque Quirinius était gouverneur de Syrie. – ³ Et tous allaient se faire recenser, chacun dans sa ville d'origine. ⁴ Joseph, lui aussi, monta de Galilée, depuis la ville de Nazareth, vers la Judée, jusqu'à la ville de David appelée Bethléem. **Il était en effet de la maison et de la lignée de David. ⁵ Il venait se faire recenser avec Marie, qui lui avait été accordée en mariage et qui était enceinte. ⁶ Or, pendant qu'ils étaient là, le temps où elle devait enfanter fut accompli. ⁷ Et elle mit au monde son fils premier-né ; elle l'emmaillota et le coucha dans une mangeoire, car il n'y avait pas de place pour eux dans la salle commune.** »

- **Prière Méditative :**

« Glorieux et aimable saint Joseph, père adoptif et nourricier de Notre Seigneur Jésus-Christ, je viens auprès de vous plein de confiance pendant neuf jours pour vous honorer et vous solliciter. Vous avez été le premier adorateur de Dieu fait homme avec Marie, et Jésus vous a infiniment aimé. Vous étiez le Représentant de Dieu Le Père sur La Terre auprès du Fils, et celui du Saint-Esprit auprès de La Vierge Immaculée. Nul ne jouit au ciel d'un plus grand prestige que vous parmi les élus et tous s'inclinent devant vous.

Joseph d'Égypte connaissait les projets de Dieu et il prévint Pharaon du grand danger qu'il courait avec tout son peuple.

Il fut établi par Pharaon *prince d'Égypte* et *deuxième personnage* le plus important de tout le pays. Le roi lui avait remis son anneau d'or symbole du pouvoir. Il l'avait aussi revêtu de vêtement paré d'or et lui avait mis un collier autour du cou. Devant Joseph tout le monde s'inclinait. Personne n'était aussi sage et intelligent que Joseph et personne ne fut plus distingué que Joseph.

Mais ce Joseph aussi admirable soit-il ne vous est pas comparable dans l'ordre de la grâce, ô, mon tendre et si aimable père. N'est-ce pas un projet plus secret et plus grandiose encore que celui de la Rédemption du monde entier. Et le danger de brûler en enfer dans une éternité de souffrance n'est-il pas infiniment plus grand que celui de souffrir de la faim ?

Et ce n'est pas Pharaon, un homme, qui vous a distingué, mais Dieu en personne qui vous a établi pour l'éternité *Maître de sa maison et Prince de tous ses biens*. C'est Lui qui vous a revêtu de l'autorité paternelle et sponsale ; Lui encore qui vous a revêtu de grâce et de lumière au point que les anges et les archanges, les séraphins et les chérubins et toute la cour céleste s'inclinent devant vous ; seul Le Père est plus grand que vous, et Le Fils dans Sa Divinité, parce qu'il ne fait qu'un avec Le Père

C'est pourquoi je viens à vous en dépit de mes péchés et de mes faiblesses, et plein d'une audacieuse confiance je vous demande [Exprimez ici votre demande…]

Souvenez-vous, ô très chaste époux de Notre Mère Marie, ô mon tendre Père, que je suis aussi votre fils (votre fille), ne méprisez pas ma prière (nos prières), mais daignez l'exaucer promptement. Ainsi soit-il. »

Conclusion :

- **Je vous Salue Marie** ou une autre prière au choix, comme : "Auguste Reine des Cieux" ou "Ô Glorieuse Dame".

- **Je vous Salue Joseph** ou une autre prière au choix : "Je vous salue Joseph fils de David" – "Les grandes litanies de saint Joseph" ou "Les salutations de saint Jean Eudes à saint Joseph. "

- **Récitation de l'Acte d'espérance :**
- **Gloire au Père :**

Pour aller plus loin

Exemples de lectures possibles :

- **Genèse 35,1-29 :** « Les fils de Jacob furent au nombre de douze. Isaac vécut cent quatre-vingts ans, puis il expira. Il mourut … âgé et rassasié de jours. Ésaü et Jacob, ses fils, l'ensevelirent. »

- **1 Roi 11,1-13 :** « Le Seigneur s'irrita contre Salomon… puisque tu n'as pas gardé mon alliance… je vais t'enlever le royaume et le donner à l'un de tes serviteurs… Et encore, je ne lui enlèverai pas tout, je laisserai une tribu à ton fils, à cause de mon serviteur David et de Jérusalem, la ville que j'ai choisie. »

- **1 Corinthiens 3,16-23 :** « Si quelqu'un parmi vous pense être un sage à la manière d'ici-bas, qu'il devienne fou pour devenir sage. Car la sagesse de ce monde est folie devant Dieu. Il est écrit en effet : C'est lui qui prend les sages au piège de leur propre habileté. »

Troisième jour : La visite des Bergers – Saint Joseph et Abraham

Troisième jour

Introduction :

- **Signe de Croix :** *"Au nom du Père et du Fils et du Saint-Esprit "*.

- *Seigneur je me mets en Ta Sainte Présence et celle de tous les saints, spécialement saint Joseph que nous désirons honorer et solliciter, lui qui est dans la gloire avec Toi et que Tu as établi Maître de Ta Maison et Prince de tous tes Biens.*

- *Prière à L'Esprit-Saint*

- *Credo* : Je crois en Dieu…
- *Confiteor :* Je confesse à Dieu Tout-Puissant
- *Notre Père :* Notre Père qui es aux Cieux…

- **Du livre de la Genèse (17,1-13) :**

« [1] Lorsque Abram eut atteint quatre-vingt-dix-neuf ans, le Seigneur lui apparut et lui dit : **" Je suis le Dieu-Puissant ; marche en ma présence et sois parfait. [2] J'établirai mon alliance entre** moi et toi, et je multiplierai ta descendance à l'infini. "

³ Abram tomba face contre terre et Dieu lui parla ainsi : ⁴ " **Moi, voici l'alliance que je fais avec toi : tu deviendras le père d'une multitude de nations. ⁵ Tu ne seras plus appelé du nom d'Abram, ton nom sera Abraham, car je fais de toi le père d'une multitude de nations. ⁶ Je te ferai porter des fruits à l'infini, de toi je ferai des nations, et des rois sortiront de toi. ⁷ J'établirai mon alliance entre moi et toi, et après toi avec ta descendance, de génération en génération ; ce sera une alliance éternelle** ; ainsi je serai ton Dieu et le Dieu de ta descendance après toi. ⁸ À toi et à ta descendance après toi je donnerai le pays où tu résides, tout le pays de Canaan en propriété perpétuelle, et je serai leur Dieu. »

⁹ Dieu dit à Abraham : « Toi, tu observeras mon alliance, toi et ta descendance après toi, de génération en génération. ¹⁰ Et voici l'alliance qui sera observée entre moi et vous, c'est-à-dire toi et ta descendance après toi : **tous vos enfants mâles seront circoncis. ¹¹ La chair de votre prépuce sera circoncise, et cela deviendra le signe de l'alliance entre moi et vous.** ¹² À chaque génération, tous vos enfants

mâles âgés de huit jours seront circoncis, les enfants nés dans la maison, ou les enfants étrangers qui ne sont pas de ta descendance mais sont acquis à prix d'argent. [13] Né dans la maison ou acquis à prix d'argent, tout mâle sera circoncis. Inscrite dans votre chair, mon alliance deviendra une alliance éternelle. »

- **De l'évangile de saint Luc (2,8-16 ; 2,21) :**

« [2,8] Il y avait, dans cette même contrée, des bergers qui passaient dans les champs les veilles de la nuit pour garder leurs troupeaux.
[2,9] Et voici, un ange du Seigneur leur apparut, et la gloire du Seigneur resplendit autour d'eux. Ils furent saisis d'une grande frayeur. [2,10] Mais l'ange leur dit : " *Ne craignez point ; car je vous annonce une bonne nouvelle, qui sera pour tout le peuple le sujet d'une grande joie : [2,11] c'est qu'aujourd'hui, dans la ville de David, il vous est né un Sauveur, qui est le Christ, le Seigneur.*
[2,12] Et voici à quel signe vous le reconnaîtrez : vous trouverez un enfant emmailloté et couché dans une crèche. "
[2,13] Et soudain il se joignit à l'ange une multitude de l'armée céleste, louant Dieu et

disant : 2,14 *" Gloire à Dieu au plus haut des Cieux, et paix sur la terre parmi les hommes qu'il aime ! "*

2,15 Lorsque les anges les eurent quittés pour retourner au ciel, les bergers se dirent les uns aux autres : *" allons jusqu'à Bethléem, et voyons ce qui est arrivé, ce que le Seigneur nous a fait connaître. "* 2,16 Ils y allèrent en hâte, et ils trouvèrent Marie et Joseph, et le petit enfant couché dans la crèche... 21 Le huitième jour, auquel l'enfant devait être circoncis, étant arrivé, on lui donna le nom de Jésus, nom qu'avait indiqué l'ange avant qu'il fût conçu dans le sein de sa mère. »

- **Prière Méditative :**

« Glorieux et aimable saint Joseph, père adoptif et nourricier de Notre Seigneur Jésus-Christ, je viens à vous plein de confiance pendant neuf jours pour vous honorer et vous solliciter. Vous avez été le premier adorateur de Dieu fait homme avec Marie, et Jésus vous a infiniment aimé. Vous étiez le Représentant de Dieu Le Père sur La Terre auprès du Fils, et celui du Saint-Esprit auprès de La Vierge Immaculée. Nul ne jouit au ciel d'un plus grand prestige que vous parmi les élus et tous s'inclinent devant vous.

Dieu a voulu faire Alliance avec Abraham et l'a béni. Il a décidé dans Sa Sagesse que par Abraham seraient bénies toutes les familles de la Terre. Cette admirable famille, d'Abraham, de Sarah et d'Isaac, dont Abraham était le Chef, est la figure d'une famille plus admirable encore, la vôtre ô si aimable saint Joseph. Car si Abraham était l'époux de Sarah que Dieu considérait déjà comme une princesse, puisqu'Il lui donna ce nom, que dire alors de la Très sainte Vierge Marie, votre épouse et notre Mère par la grâce ! N'est-elle pas la très sainte Mère de Dieu et la Souveraine des anges !

Et si Abraham eut le privilège d'être le père d'Isaac, un fils aimant et remarquable, le seul patriarche monogame de tout l'Ancien Testament, que dire alors de vous qui êtes le père du Fils de Dieu, Celui qui est Fidèle et Vrai en toutes choses.

De sorte que, si donc Abraham fut à la foi béni et une source de bénédiction, combien plus êtes-vous béni père saint Joseph et serez-vous pour nous une source intarissable de bénédictions. Votre sainteté en effet est bien plus grande que celle d'Abraham pourtant l'Ami de Dieu ; car vous êtes bien plus que l'Ami de Dieu, puisque vous en avez été le Père et que vous avez eu le privilège inouï de le porter dans vos bras, de le nourrir, de le protéger et de partager Son Intimité pendant trente ans.

C'est pourquoi je viens à vous en dépit de mes péchés et de mes faiblesses, et plein d'une audacieuse confiance je vous demande [Exprimez ici votre demande…]

Souvenez-vous, ô très chaste époux de Notre Mère Marie, ô mon tendre Père, que je suis aussi votre fils (votre fille), ne méprisez pas ma prière (nos prières), mais daignez l'exaucer promptement. Ainsi soit-il. »

Conclusion :

- **Je vous Salue Marie** ou Auguste Reine des Cieux ou Ô Glorieuse Dame.

- **Je vous Salue Joseph** ou Je vous salue Joseph fils de David, ou les grandes litanies de saint Joseph, ou les salutations de saint Jean Eudes.

- **Récitation de l'Acte d'espérance :**

- **Gloire au Père :**

Pour aller plus loin

Exemples de lectures possibles :

- **Genèse 21, 1-13 :** « Quand Isaac eut huit jours, Abraham le circoncit, comme Dieu le lui avait ordonné. Abraham avait cent ans quand naquit son fils Isaac. »

- **Genèse 22,1-20 :** « Abraham prit le bois pour l'holocauste et le chargea sur son fils Isaac ; il prit le feu et le couteau, et tous deux s'en allèrent ensemble. »

- **Lettre aux Galates 4,1-11 :** « lorsqu'est venue la plénitude des temps, Dieu a envoyé son Fils, né d'une femme et soumis à la loi de Moïse, afin de racheter ceux qui étaient soumis à la Loi et pour que nous soyons adoptés comme fils. »

Quatrième Jour : La Visite des Mages - Saint Joseph, Jessé et Le Roi David

Quatrième jour

Introduction :

- **Signe de Croix :** *"Au nom du Père et du Fils et du Saint-Esprit "*.

- *Seigneur je me mets en Ta Sainte Présence et celle de tous les saints, spécialement saint Joseph que nous désirons honorer et solliciter, lui qui est dans la gloire avec Toi et que Tu as établi Maître de Ta Maison et Prince de tous tes Biens.*

- ***Prière à L'Esprit-Saint***

- ***Credo*** *: Je crois en Dieu…*
- ***Confiteor :*** *Je confesse à Dieu Tout-Puissant*
- ***Notre Père*** *: Notre Père qui es aux Cieux…*

- **Du livre d'Isaïe (11,1-10) :**

« **[1] Un rameau sortira de la souche de Jessé, père de David, un rejeton jaillira de ses racines. [2] Sur lui reposera l'esprit du Seigneur** : esprit de sagesse et de discernement, esprit de conseil et de force, esprit de connaissance et de crainte du

Seigneur ³ qui lui inspirera la crainte du Seigneur. Il ne jugera pas sur l'apparence ; il ne se prononcera pas sur des rumeurs. ⁴ Il jugera les petits avec justice ; avec droiture, il se prononcera en faveur des humbles du pays. Du bâton de sa parole, il frappera le pays ; du souffle de ses lèvres, il fera mourir le méchant.

⁵ La justice est la ceinture de ses hanches ; la fidélité est la ceinture de ses reins. ⁶ Le loup habitera avec L'Agneau, le léopard se couchera près du chevreau, le veau et le lionceau seront nourris ensemble, un petit garçon les conduira. ⁷ La vache et l'ourse auront même pâture, leurs petits auront même gîte. Le lion, comme le bœuf, mangera du fourrage. ⁸ Le nourrisson s'amusera sur le nid du cobra ; sur le trou de la vipère, l'enfant étendra la main. ⁹ Il n'y aura plus de mal ni de corruption sur toute ma montagne sainte ; car la connaissance du Seigneur remplira le pays comme les eaux recouvrent le fond de la mer. **¹⁰ Ce jour-là, la racine de Jessé, père de David, sera dressée comme un étendard pour les peuples, les nations la chercheront, et la gloire sera sa demeure.**

- **De l'évangile de saint Matthieu (2,1-12) :**

« ¹ Jésus était né à Bethléem en Judée, au temps du roi Hérode le Grand. Or, voici que des mages venus d'Orient arrivèrent à Jérusalem ² et demandèrent : *« Où est le roi des Juifs qui vient de naître ? Nous avons vu son étoile à l'orient et nous sommes venus l'adorer. »* ³ En apprenant cela, le roi Hérode fut bouleversé, et tout Jérusalem avec lui. ⁴ Il réunit tous les grands prêtres et les scribes du peuple, pour leur demander où devait naître le Christ. ⁵ Ils lui répondirent : *« À Bethléem en Judée, car voici ce qui est écrit par le prophète : ⁶ Et toi, Bethléem, terre de Juda, tu n'es certes pas le dernier parmi les chefs-lieux de Juda, car de toi sortira un chef, qui sera le berger de mon peuple Israël. »*

⁷ Alors Hérode convoqua les mages en secret pour leur faire préciser à quelle date l'étoile était apparue ; ⁸ puis il les envoya à Bethléem, en leur disant : *« Allez vous renseigner avec précision sur l'enfant. Et quand vous l'aurez trouvé, venez me l'annoncer pour que j'aille, moi aussi, l'adorer. »*

⁹ Après avoir entendu le roi, ils partirent. Et voici que l'étoile qu'ils avaient vue à l'orient les précédait, jusqu'à ce qu'elle vienne

s'arrêter au-dessus de l'endroit où se trouvait l'enfant.

¹⁰ Quand ils virent l'étoile, ils se réjouirent d'une très grande joie. ¹¹ Ils entrèrent dans la maison, ils virent l'enfant avec Marie sa mère ; et, tombant à ses pieds, ils se prosternèrent devant lui. Ils ouvrirent leurs coffrets, et lui offrirent leurs présents : de l'or, de l'encens et de la myrrhe.

¹² Mais, avertis en songe de ne pas retourner chez Hérode, ils regagnèrent leur pays par un autre chemin. »

- **Prière Méditative :**

« Glorieux et aimable saint Joseph, père adoptif et nourricier de Notre Seigneur Jésus-Christ, je viens à de vous plein de confiance pendant neuf jours pour vous honorer et vous solliciter. Vous avez été le premier adorateur de Dieu fait homme avec Marie, et Jésus vous a infiniment aimé. Vous étiez le Représentant de Dieu Le Père sur La Terre auprès du Fils, et celui du Saint-Esprit auprès de La Vierge Immaculée. Nul ne jouit au ciel d'un plus grand prestige que vous parmi les élus et tous s'inclinent devant vous.

Jessé, le fils d'Obed-Edom qui avait reçu l'Arche d'Alliance chez lui pendant trois mois, était le père admirable de huit garçons, dont le futur roi David. À Bethléem, il reçut dans son âge mûr une visite prestigieuse, celle du prophète Samuel, l'élu de Dieu, qui était venu lui annoncer que son fils David deviendrait roi d'Israël.

Jessé ne connaissait pas la valeur véritable de son fils. Il voyait en lui un simple berger, mais Dieu voyait en David un roi. Il savait que David deviendrait un vaillant guerrier vainqueur de Goliath et qu'il régnerait sur Israël pendant quarante ans.

Mais avant cela, David dut fuir devant Saül le premier roi d'Israël et mettre son père Jessé en sécurité auprès du roi de Moab.

Vous mon tendre père avez reçu une visite plus prestigieuse encore que celle du prophète Samuel, pourtant le prêtre élu de Dieu, vous avez reçu celle du saint Archange Gabriel qui se tient devant Dieu. Et ce n'est pas dans votre enfance que l'Arche est demeurée chez vous pendant trois mois, mais c'est pendant trente ans que l'Arche d'Alliance faite chair, celle qui a contenu Le Verbe de Dieu est demeurée en votre présence.

Et le fils dont vous aviez la responsabilité n'était pas seulement roi d'Israël, quoiqu'Il le fût aussi, mais roi de tout l'Univers. Et bien qu'Il souffrît la contradiction, comme David et pire encore qu'Il donnât Sa Vie pour nous sauver, Il ne le fit pas sans vous avoir placé en sécurité ; non pas auprès du puissant roi de Moab qui demeure un homme, mais auprès du Tout-Puissant où vous avez vos entrées et vos privilèges.

C'est pourquoi je viens à vous en dépit de mes péchés et de mes faiblesses, et plein d'une audacieuse confiance je vous demande [Exprimez ici votre demande…]

Souvenez-vous, ô très chaste époux de Notre Mère Marie, ô mon tendre Père, que je suis aussi votre fils (votre fille), ne méprisez pas ma prière (nos prières), mais daignez l'exaucer promptement. Ainsi soit-il. »

Conclusion :

- **Je vous Salue Marie** ou "Auguste Reine des Cieux" ou " Ô Glorieuse Dame".

- **Je vous Salue Joseph** ou une autre prière au choix comme : " Je vous salue Joseph fils de David " ou : « La grande litanie de saint Joseph" ou " Les salutations de saint Jean Eudes".

- **Récitation de l'Acte d'espérance** :

  « Mon Dieu, j'espère avec une ferme confiance que Vous me donnerez, par les mérites de Notre-Seigneur Jésus-Christ, Votre grâce en ce monde et le bonheur éternel dans l'autre, parce que Vous l'avez promis et que Vous êtes toujours fidèle dans Vos promesses. »

- **Gloire au Père :**

Pour aller plus loin

Exemples de lectures possibles :

- **Michée 5 :** « Et toi, Bethléem Éphrata, le plus petit des clans de Juda, c'est de toi que sortira pour moi celui qui doit gouverner Israël. Ses origines remontent aux temps anciens, aux jours d'autrefois. »

- **Isaïe (9, 1-6) :** « Un enfant nous est né, un fils nous a été donné ! Sur son épaule est le signe du pouvoir ; son nom est proclamé : Conseiller-merveilleux, Prince-de-la-Paix Père-à-jamais, Dieu-Fort ».

- **Isaïe (60, 1-22) :** « Debout, Jérusalem, resplendis ! Elle est venue, ta lumière, et la gloire du Seigneur s'est levée sur toi. »

- **Nombre 24,1- :** « Un héros sortira de la descendance de Jacob, il dominera sur des peuples nombreux. Son règne sera plus grand que celui de Gog, sa royauté sera exaltée.... Ce héros, je le vois, mais pas pour maintenant, je l'aperçois, mais pas de près : Un astre se lève, issu de Jacob, un sceptre se dresse, issu d'Israël. Il brise les flancs de Moab. »

Cinquième jour : Moïse et le grand prêtre Aaron – La Présentation au Temple de Jérusalem

Cinquième jour

Introduction :

- **Signe de Croix :** *"Au nom du Père et du Fils et du Saint-Esprit "*.

- *Seigneur je me mets en Ta Sainte Présence et celle de tous les saints, spécialement saint Joseph que nous désirons honorer et solliciter, lui qui est dans la gloire avec Toi et que Tu as établi Maître de Ta Maison et Prince de tous tes Biens.*

- *Prière à L'Esprit-Saint*

- *Credo : Je crois en Dieu*
- *Confiteor : Je confesse à Dieu Tout-Puissant..*
- *Notre Père*

- **Du livre des Nombres (17,16- 25) :**

« [16] Le Seigneur parla à Moïse. Il dit : [17] " ...fais-toi remettre par eux une branche pour chaque tribu... cela fera douze branches... [19] Tu déposeras les branches dans la tente de la Rencontre ...[20] **L'homme que j'aurai choisi** sera celui dont la branche fleurira ... ²² Puis Moïse déposa les branches devant le Seigneur dans la tente du Témoignage. ²³ Le lendemain, Moïse entra dans la tente du Témoignage, et voici : la branche d'Aaron avait fleuri pour la maison de Lévi ; la branche avait fait éclore une floraison, fleurir des fleurs et mûrir des amandes ! »

- **De l'évangile de saint Luc (2,22-35) :**

« ²,²² Quand les jours de leur purification furent accomplis, selon la loi de Moïse, Joseph et Marie le portèrent à Jérusalem, pour le présenter au Seigneur, ²,²³ suivant ce qui est écrit dans la loi du Seigneur : *Tout mâle premier-né sera consacré au Seigneur*, ²,²⁴ et pour offrir en sacrifice deux tourterelles ou deux jeunes pigeons, comme cela est prescrit dans la loi du Seigneur.

²,²⁵ **Et voici, il y avait à Jérusalem un homme appelé Siméon. Cet homme était juste et pieux, il attendait la consolation d'Israël, et L'Esprit Saint était sur lui. ²,²⁶ Il avait été divinement averti par le Saint-Esprit qu'il ne mourrait point avant d'avoir vu Le Christ du Seigneur. ²,²⁷ Il vint au temple, poussé par l'Esprit. Et, comme les parents apportaient le**

petit Enfant Jésus pour accomplir à son égard ce qu'ordonnait la loi, *2,28* il le reçut dans ses bras, bénit Dieu, et dit : *2,29 maintenant, Seigneur, tu peux laisser ton serviteur s'en aller en paix, selon ta parole. 2,30 Car mes yeux ont vu ton salut, 2,31 Salut que tu as préparé devant tous les peuples, 2,32 Lumière pour éclairer les nations, et gloire d'Israël, ton peuple. »*

2,33 Son père et sa mère étaient dans l'admiration des choses qu'on disait de lui. *2,34* Siméon les bénit, et dit à Marie, sa mère :
" Voici, cet enfant est venu pour être une occasion de chute et de relèvement de plusieurs en Israël, et pour être un signe qui sera contredit, 2,35 et à toi-même une épée te transpercera l'âme, afin que les pensées de beaucoup de cœurs soient dévoilées... »

- **Prière Méditative :**

« Glorieux et aimable saint Joseph, père adoptif et nourricier de Notre Seigneur Jésus-Christ, je viens auprès de vous plein de confiance pendant neuf jours pour vous honorer et vous solliciter. Vous avez été le premier adorateur de Dieu fait homme avec Marie, et Jésus vous a infiniment aimé. Vous étiez le Représentant de Dieu Le Père sur La Terre auprès du Fils, et celui du Saint-Esprit auprès de La Vierge Immaculée. Nul ne jouit au ciel d'un plus grand prestige que vous parmi les élus et tous s'inclinent devant vous.

Le Seigneur avait parlé à Moïse et il avait fait le choix d'Aaron comme premier grand prêtre de la Loi. La branche d'Aaron avait fleuri en une nuit et même produit des amandes mûres. Cette branche d'amandier manifestait la parole de Dieu et l'autorité accordée par le Très Haut.

Vous aussi, père saint Joseph, votre verge a fleuri en un instant. Car, même si aucun des textes de la bible ne rapporte que votre verge a fleuri aussi lors de votre mariage avec L'Immaculée, les statues multipliées nous le chuchotent et les mystiques à l'envie nous le dévoilent. Cette branche d'amandier, en vérité annonçait, Le Christ, Le Verbe fait chair, que vous avez tenu dans vos bras. [25]

---

[25] Pour le lien entre la branche d'amandier, l'autorité reçue et la parole de Dieu, voir Jérémie 1,10-12 : « [10] Vois : aujourd'hui, je te donne autorité sur les nations et les royaumes, pour arracher et renverser, pour détruire et démolir, pour bâtir et planter. [11] La parole du Seigneur me fut adressée :

Et si Aaron connaissait la loi écrite sur les Tables de pierre, vous ô mon aimable père vous connaissiez Dieu Lui-même devenu chair.

Ainsi, Aaron était grand prêtre ! Mais que dire alors de vous, ô mon si aimable père, qui avez enseigné au Grand Prêtre Éternel, Jésus-Christ, qui l'avez porté dans Le Temple et qui lui avez enseigné toutes choses dans Son humanité Très Sainte.

.

C'est pourquoi je viens à vous en dépit de mes péchés et de mes faiblesses, et plein d'une audacieuse confiance je vous demande [Exprimez ici votre demande…]

Souvenez-vous, ô très chaste époux de Notre Mère Marie, ô mon tendre Père, que je suis aussi votre fils (votre fille), ne méprisez pas ma prière (nos prières), mais daignez l'exaucer promptement. Ainsi soit-il. »

" Que vois-tu, Jérémie ? " Je dis : "C'est une branche d'amandier que je vois. "

[12] Le Seigneur me dit : « Tu as bien vu, car je veille sur ma parole pour l'accomplir. »

Conclusion :

- **Je vous Salue Marie** ou une autre prière au choix comme Auguste Reine des Cieux ou Ô Glorieuse Dame.

- **Je vous Salue Joseph** ou une autre prière au choix comme Je vous salue Joseph fils de David, la grande litanie de saint Joseph ou les salutations de saint Jean Eudes.

- **Récitation de l'Acte d'espérance :**

- **Gloire au Père :**

Pour aller plus loin

Exemples de lectures possibles :

- **Lévitique 12,1-8 :** « Moïse, parle aux fils d'Israël. Tu leur diras : Si une femme est enceinte et accouche d'un garçon, elle sera impure pendant sept jours… »[26]

---

[26] La Vierge n'a pas accouché par voie basse et dans la douleur comme les autres femmes. Notre Seigneur est sorti du ventre virginal de Sa Mère immaculée sans porter atteinte à sa virginité

- **Psaume 15,1-11 :** « J'ai dit au Seigneur : Tu es mon Dieu ! Je n'ai pas d'autre bonheur que toi. »

- **Isaïe : 40, 1-31 :** « Consolez, consolez mon peuple, dit votre Dieu, parlez au cœur de Jérusalem ».

---

comme Il est sorti du Tombeau sans déchirer le voile qui le recouvrait. Aussi l'accouchement de Marie s'est fait sans épanchement de sang. En conséquence, le sang n'ayant pas été répandu, L'Immaculée avait pas à se soumettre aux quarante jours de séparation vis-à-vis de tout qui concerne tout ce qui est sacré. En particulier, la visite au Temple était donc possible immédiatement après l'accouchement. Cependant, La Vierge a pris le même chemin d'humilité que Son Divin Fils, qui bien que n'ayant pas besoin du baptême de repentance et de conversion de Jean Baptiste s'y est tout de même soumis.

Pour les détails de l'accouchement de Marie, voir un de nos deux livres : « Saint Joseph image visible du Dieu invisible – Alors Tu es Roi ? – Ed BOD ou « Les Douze gloires de Marie – Ed St Honoré. »

Sixième jour : La fuite en Égypte et le retour à Nazareth - Je veux vous dévoiler ce qui vous arrivera dans les temps à venir

Sixième jour

Introduction :

- **Signe de Croix :** *"Au nom du Père et du Fils et du Saint-Esprit ".*

- *Seigneur je me mets en Ta Sainte Présence et celle de tous les saints, spécialement saint Joseph que nous désirons honorer et solliciter, lui qui est dans la gloire avec Toi et que Tu as établi Maître de Ta Maison et Prince de tous tes Biens.*

- **Prière à L'Esprit-Saint**

- **Credo** : *Je crois en Dieu...*
- **Confiteor :** *Je confesse à Dieu Tout-Puissant*
- **Notre Père :** *Notre Père qui es aux Cieux...*

- **Du livre de la Genèse (49,1 ; 22-26) :**

« [1]*Assemblez-vous ! Je veux vous dévoiler ce qui vous arrivera dans les temps à venir...* : [22] **C'est une plante fertile que Joseph, une plante fertile près d'une source. Ses branches franchissent le mur...** [24] **Son arc est demeuré ferme ;** ses bras et ses mains ont gardé leur agilité grâce à Celui qui est Le Puissant de

Jacob, grâce au nom du Berger, la Pierre d'Israël, 25 grâce au Dieu de ton père – **qu'il te vienne en aide ! grâce au Puissant – qu'il te bénisse ! D'en haut, bénédictions des cieux ! Bénédictions de l'abîme en bas ! Bénédictions des mamelles et du sein !**

26 **Les bénédictions de ton père seront fortifiées pas les bénédictions de ses pères, elles vont jusqu'à la cime des collines éternelles ; qu'elles se répandent sur la tête de Joseph et sur la tête de celui qui est Nazaréen entre ses frères.** »

- **Du livre de la Genèse (12,1-7) :**

« 1 **Le Seigneur dit à Abram : « Quitte ton pays, ta parenté et la maison de ton père, et va vers le pays que je te montrerai.** 2 **Je ferai de toi une grande nation, je te bénirai, je rendrai grand ton nom, et tu deviendras une bénédiction.** 3 **Je bénirai ceux qui te béniront ; celui qui te maudira, je le réprouverai. En toi seront bénies toutes les familles de la terre.** »
4 Abram s'en alla, comme le Seigneur le lui avait dit, et Loth s'en alla avec lui. Abram avait soixante-quinze ans lorsqu'il sortit de Harane.

5 Il prit sa femme Saraï, son neveu Loth, tous les biens qu'ils avaient acquis, et les personnes dont ils s'étaient entourés à Harane ; ils se mirent en route pour Canaan et ils arrivèrent dans ce pays. **6** Abram traversa le pays jusqu'au lieu nommé Sichem, au chêne de Moré. Les Cananéens étaient alors dans le pays. **7** Le Seigneur apparut à Abram et dit : *« À ta descendance je donnerai ce pays. »* Et là, Abram bâtit un autel au Seigneur qui lui était apparu. »

- De l'évangile de saint Matthieu (2,13-15 et 2, 19-23) :

« **2,13** Lorsqu'ils furent partis [les rois mages], voici, un ange du Seigneur apparut en songe à Joseph, et dit : *"Lève-toi, prends le petit enfant et sa mère, fuis en Égypte, et restes-y jusqu'à ce que je te parle ; car Hérode cherchera le petit enfant pour le faire périr.* **2,14** Joseph se leva, prit de nuit le petit enfant et sa mère, et se retira en Égypte. **2,15** Il y resta jusqu'à la mort d'Hérode

2,19 Quand Hérode fut mort, voici, un ange du Seigneur apparut en songe à Joseph, en Égypte, **2,20** et dit : *"Lève-toi, prends le petit enfant et sa mère, et va dans le pays d'Israël,* *car ceux qui en voulaient à la vie du petit enfant sont morts. "*

2,21 Joseph se leva, prit le petit enfant et sa mère, et alla dans le pays d'Israël.

2,22 Mais, ayant appris qu'Archélaüs régnait sur la Judée à la place d'Hérode, son père, il craignit de s'y rendre ; et, divinement averti en songe, il se retira dans le territoire de la Galilée, 2,23 et vint demeurer dans une ville appelée Nazareth, afin que s'accomplisse ce qui avait été annoncé par les prophètes : Il sera appelé Nazaréen. »

- **Prière Méditative :**

« Glorieux et aimable saint Joseph, père adoptif et nourricier de Notre Seigneur Jésus-Christ, je viens auprès de vous plein de confiance pendant neuf jours pour vous honorer et vous solliciter. Vous avez été le premier adorateur de Dieu fait homme avec Marie, et Jésus vous a infiniment aimé. Vous étiez le Représentant de Dieu Le Père sur La Terre auprès du Fils, et celui du Saint-Esprit auprès de La Vierge Immaculée. Nul ne jouit au ciel d'un plus grand prestige que vous parmi les élus et tous s'inclinent devant vous.

Dieu avait dit à Abraham : « *Quitte ton pays, ta parenté et la maison de ton père, et va vers le pays que je te montrerai. Je ferai de toi une grande nation, je te bénirai, je rendrai grand ton nom, et tu deviendras une bénédiction. Je bénirai ceux qui te béniront ; celui qui te maudira, je le réprouverai.* » Et Dieu lui avait laissé le temps de s'en aller.

Mais à vous admirable saint Joseph il ne laissa pas ce temps. L'Ange du Seigneur avait parlé et avait dit : *"Lève-toi, prends le petit enfant et sa mère, fuis en Égypte, et restes-y jusqu'à ce que je te parle.* » Et vous aviez exécuté cet ordre avant que le voile de la nuit ne se soit levé.

Un ordre plus difficile à exécuter et une plus grande promptitude exigent selon la justice de Dieu une plus grande récompense de sorte que si Abraham a été béni de par son obéissance combien plus vous devez l'être courageux et vaillant père saint Joseph. Durant cette fuite tout reposait sur vous admirable père.

Jacob-Israël avait rassemblé ses douze fils autour de lui et ses plus belles bénédictions furent pour son fils Joseph.

Mais ces bénédictions parlent aussi de vous, car qui est demeuré ferme dans toutes les épreuves et dont le bras n'a pas fléchi, sinon vous admirable père du Fils et époux de Notre Mère si jeune.

Aucun mur, aucun obstacle, ne vous étaient infranchissables, parce que Le Puissant de Jacob était avec vous. Les bénédictions de vos pères se sont accumulées, comme s'accumule la neige sur une pierre qui dévale une montagne pleine de neige, et elles se sont accumulées sur votre tête, père saint Joseph et celui qui est Nazaréen entre ses frères ; c'est-à-dire Notre Seigneur et frère Jésus-Christ.

C'est pourquoi je viens à vous en dépit de mes péchés et de mes faiblesses, et plein d'une audacieuse confiance je vous demande [Exprimez ici votre demande…]

Souvenez-vous, ô très chaste époux de Notre Mère Marie, ô mon tendre Père, que je suis aussi votre fils (votre fille), ne méprisez pas ma prière (nos prières), mais daignez l'exaucer promptement. Ainsi soit-il. »

Conclusion :

- **Je vous Salue Marie** *ou une autre prière au choix comme Auguste Reine des Cieux ou Ô Glorieuse Dame.*

- **Je vous Salue Joseph** *ou une autre prière au choix comme Je vous salue Joseph fils de David, la grande litanie de saint Joseph ou les salutations de saint Jean Eudes.*

- *Récitation de l'Acte d'espérance :*

« Mon Dieu, j'espère avec une ferme confiance que Vous me donnerez, par les mérites de Notre-Seigneur Jésus-Christ, Votre grâce en ce monde et le bonheur éternel dans l'autre, parce que Vous l'avez promis et que Vous êtes toujours fidèle dans Vos promesses. »

- *Gloire au Père :*

Pour aller plus loin

Exemples de lectures possibles :

- **2 Corinthiens 1,1-6 :** « Dans toutes nos détresses, il nous réconforte ; ainsi, nous pouvons réconforter tous ceux qui sont dans la détresse, grâce au réconfort que nous recevons nous-mêmes de Dieu. »

- **Jérémie (30,10-11 ; 21-24) :** « Jacob reviendra, il sera en sécurité, tranquille, sans personne qui l'inquiète, car je suis avec toi pour te sauver – oracle du Seigneur. »

- **Livre des Proverbes (3,1-30) :** « Tu n'as rien à craindre, ni l'angoisse soudaine, ni la tourmente qui surprend les méchants : c'est le Seigneur qui sera ton assurance, il gardera ton pied des embûches. »

Septième jour : Jésus perdu et retrouvé - Après Le roi David

Septième jour :

Introduction :

- **Signe de Croix :** *"Au nom du Père et du Fils et du Saint-Esprit "*.

- *Seigneur je me mets en Ta Sainte Présence et celle de tous les saints, spécialement saint Joseph que nous désirons honorer et solliciter, lui qui est dans la gloire avec Toi et que Tu as établi Maître de Ta Maison et Prince de tous tes Biens.*

- **Prière à L'Esprit-Saint**

- **Credo** *: Je crois en Dieu*
- **Confiteor :** *Je confesse à Dieu Tout-Puissant*
- **Notre Père :** *Notre Père qui es aux Cieux…*

- **Du livre deuxième livre de Samuel (7, 8-9 ; 7,11-16 – lecture longue : 7,17-29) :**

« [8] Tu diras donc à mon serviteur David : Ainsi parle le Seigneur de l'univers : C'est moi qui t'ai pris au pâturage, derrière le troupeau, pour que tu sois le chef de mon peuple Israël. [9] J'ai été avec toi partout où tu es allé, j'ai abattu devant toi tous tes ennemis. Je t'ai fait un nom aussi grand que celui des plus grands de la terre.

¹¹ ... **Le Seigneur t'annonce qu'il te fera lui-même une maison**. ¹² Quand tes jours seront accomplis et que tu reposeras auprès de tes pères, je te susciterai dans ta descendance un successeur, qui naîtra de toi, et je rendrai stable sa royauté. ¹³ C'est lui qui bâtira une maison pour mon nom, et je rendrai stable pour toujours son trône royal. ¹⁴ Moi, je serai pour lui un père ; et lui sera pour moi un fils. S'il fait le mal, je le corrigerai avec le bâton, à la manière humaine, je le frapperai comme font les hommes. ¹⁵ Mais ma fidélité ne lui sera pas retirée, comme je l'ai retirée à Saül que j'ai écarté de devant toi. ¹⁶ **Ta maison et ta royauté subsisteront toujours devant moi, ton trône sera stable pour toujours.** »

Lecture longue :

« ¹⁷ Toutes ces paroles, toute cette vision, Nathan les rapporta fidèlement à David. ¹⁸ Le roi David vint s'asseoir en présence du Seigneur.... ²² Il dit : " *Tu es grand, Seigneur Dieu. Oui, Tu es sans égal et il n'y a pas de Dieu en dehors de toi, d'après tout ce que nous avons entendu de nos oreilles...* ²⁶ *Que ton nom soit exalté pour toujours ! Que l'on dise : "Le Seigneur de l'univers est le Dieu d'Israël", et la maison de ton serviteur David sera stable en ta présence… ²⁸ Seigneur, c'est toi qui es Dieu, tes paroles sont vérité, et tu as fait cette magnifique promesse à ton serviteur. ²⁹ Daigne bénir la maison de ton serviteur, afin qu'elle soit pour toujours en ta présence. Car toi, Seigneur Dieu, tu as parlé, et par ta bénédiction la maison de ton serviteur sera bénie pour toujours. »*

- **De l'évangile de saint Luc (2,41-52) :**

« ²,⁴¹ Les parents de Jésus allaient chaque année à Jérusalem, à la fête de Pâque. ²,⁴² Lorsqu'il fut âgé de douze ans, ils y montèrent, selon la coutume de la fête. ²,⁴³ Puis, quand les jours furent écoulés, et qu'ils s'en retournèrent, l'Enfant Jésus resta à Jérusalem. Son père et sa mère ne s'en aperçurent pas. ²,⁴⁴ Croyant qu'il était avec leurs compagnons de voyage, ils firent une journée de chemin, et le cherchèrent parmi leurs parents et leurs connaissances. ²,⁴⁵ Mais, ne l'ayant pas trouvé, ils retournèrent à Jérusalem pour le chercher. **²,⁴⁶ Au bout de trois jours, ils le trouvèrent dans le temple, assis au milieu des docteurs, les écoutant et** les interrogeant. ²,⁴⁷ Tous ceux qui l'entendaient étaient frappés de ses réponses et de son intelligence.

²,⁴⁸ Quand ses parents le virent, ils furent saisis d'étonnement, et sa mère lui dit : *" Mon enfant, pourquoi as-tu agi de la sorte avec nous ? Voici, ton père et moi, nous te cherchions avec angoisse. "*

²,⁴⁹ Il leur dit : *"Pourquoi me cherchiez-vous ? Ne saviez-vous pas qu'il faut que je m'occupe des affaires de mon Père ? "* ²,⁵⁰ Mais ils ne comprirent pas ce qu'il leur disait.

²,⁵¹ **Puis il descendit avec eux pour aller à Nazareth, et il leur était soumis. Sa mère gardait toutes ces choses dans son cœur. ²,⁵² Et Jésus croissait en sagesse, en stature, et en grâce, devant Dieu et devant les hommes.** (Saint Luc, 2).

- **Prière Méditative :**

« Glorieux et aimable saint Joseph, père adoptif et nourricier de Notre Seigneur Jésus-Christ, je viens auprès de vous plein de confiance pendant neuf jours pour vous honorer et vous solliciter. Vous avez été le premier adorateur de Dieu fait homme avec

Marie, et Jésus vous a infiniment aimé. Vous étiez le Représentant de Dieu Le Père sur La Terre auprès du Fils, et celui du Saint-Esprit auprès de La Vierge Immaculée. Nul ne jouit au ciel d'un plus grand prestige que vous parmi les élus et tous s'inclinent devant vous.

Le roi David désirait construire une maison à Dieu, mais c'était un homme de guerre. Il avait du sang sur les mains.

Ce que Dieu a refusé au roi David, Il vous l'a accordé, père saint Joseph, parce que c'est vous qui avez donné une maison au Verbe fait chair et que c'est vous aussi qui avez éduqué sa sainte humanité, pour qu'elle croisse en sagesse et en grâce.

En effet, qui pouvait mieux que vous et la pleine de grâce éduquer Le Christ dans Sa Sainte humanité pour qu'Il devienne Le Rédempteur ? Qui mieux que vous deux pouvait lui apprendre l'amour de Dieu, la justice et à la sainteté ? Personne.

Aussi, puisque c'est à vous que Dieu s'est confié, je me confie aussi à vous. Souvenez-vous, ô glorieux saint Joseph, ô mon tendre Père, que je suis aussi votre fils (votre fille) ; c'est pourquoi je viens à vous en dépit de mes péchés et de mes faiblesses. Et plein d'une audacieuse confiance je vous demande : [Exprimez ici votre demande…]

Ô juste Joseph, père nourricier du Verbe fait homme pour moi, ne méprisez pas ma prière, mais écoutez-la favorablement et daignez l'exaucer. Ainsi soit-il. »

Conclusion :

- *Je vous Salue Marie* ou une autre prière au choix comme Auguste Reine des Cieux ou Ô Glorieuse Dame.

- *Je vous Salue Joseph* ou une autre prière au choix comme Je vous salue Joseph fils de David, la grande litanie de saint *Joseph* ou les salutations de saint Jean Eudes.

- *Récitation de l'Acte d'espérance :*

- *Gloire au Père :*

Pour aller plus loin

Exemples de lectures possibles :

- **Livre de Ruth (4,5-22) :** « Elles le nommèrent Obed (c'est-à-dire : serviteur). Ce fut le père de Jessé, qui fut le père de David. »

- **Exode (23,1-30) :** « Tu me fêteras trois fois par an. »

- **Éphésiens (6,1-24) :** « Vous, les enfants, obéissez à vos parents dans le Seigneur. »

Huitième Jour : Josué - La mort de saint Joseph – Le baptême de Jésus dans le Jourdain

Huitième jour :

Introduction :

- **Signe de Croix :** *"Au nom du Père et du Fils et du Saint-Esprit "*.

- *Seigneur je me mets en Ta Sainte Présence et celle de tous les saints, spécialement saint Joseph que nous désirons honorer et solliciter, lui qui est dans la gloire avec Toi et que Tu as établi Maître de Ta Maison et Prince de tous tes Biens.*

- *Prière à L'Esprit-Saint*

- *Credo* : Je crois en Dieu…
- *Confiteor :* Je confesse à Dieu Tout-Puissant
- *Notre Père :* Notre Père qui es aux Cieux…

- **Du livre de Josué (1,1-9) :**

« [1] **Après la mort de Moïse, le serviteur du Seigneur, le Seigneur parla à Josué, fils de Noun, auxiliaire de Moïse, et lui dit :** [2] **« Moïse, mon serviteur, est mort ; maintenant, lève-toi, passe le Jourdain** que voici, toi avec tout ce peuple, vers le pays que je donne aux fils d'Israël. ³ Tous les lieux que foulera la plante de vos pieds, je vous les ai donnés, comme je l'ai dit à Moïse. ⁴ Votre territoire s'étendra depuis le désert et le Liban que voici jusqu'au Grand fleuve, l'Euphrate, tout le pays des Hittites, jusqu'à la Méditerranée, au soleil couchant. ⁵ Personne ne pourra te résister tout au long de ta vie. J'étais avec Moïse, je serai avec toi ; je ne te délaisserai pas, je ne t'abandonnerai pas. ⁶ **Sois fort et courageux, c'est toi qui donneras en héritage à ce peuple le pays que j'avais juré de donner à leurs pères.** ⁷ **Quant à toi, sois fort et très courageux, en veillant à agir selon toute la Loi prescrite par Moïse, mon serviteur. Ne t'en écarte ni à droite ni à gauche, pour réussir partout où tu iras.**

⁸ **Ce livre de la Loi ne quittera pas tes lèvres ; tu le murmureras jour et nuit, afin que tu veilles à agir selon tout ce qui s'y trouve écrit : alors tu feras prospérer tes entreprises, alors tu réussiras.** ⁹ Ne t'ai-je pas commandé : "Sois fort et courageux !" ? **Ne crains pas, ne t'effraie pas, car le Seigneur ton Dieu sera avec toi partout où tu iras.** »

- **De l'évangile de saint Luc (3,1-6 et 3, 16-23) :**

« ¹ L'an quinze du règne de l'empereur Tibère, Ponce Pilate étant gouverneur de la Judée, Hérode étant alors au pouvoir en Galilée, son frère Philippe dans le pays d'Iturée et de Traconitide, Lysanias en Abilène, ² les grands prêtres étant Hanne et Caïphe, la parole de Dieu fut adressée dans le désert à Jean, le fils de Zacharie. ³ Il parcourut toute la région du Jourdain, en proclamant un baptême de conversion pour le pardon des péchés, ⁴ comme il est écrit dans le livre des oracles d'Isaïe, le prophète : Voix de celui qui crie dans le désert : Préparez le chemin du Seigneur, rendez droits ses sentiers. ⁵ Tout ravin sera comblé, toute montagne et toute colline seront abaissées ; les passages tortueux deviendront droits, les chemins rocailleux seront aplanis ; ⁶ et tout être vivant verra le salut de Dieu.

¹⁶ Jean s'adressa à tous : « Moi, je vous baptise avec de l'eau ; mais il vient, celui qui est plus fort que moi. Je ne suis pas digne de dénouer la courroie de ses sandales. Lui vous baptisera dans l'Esprit Saint et le feu. ¹⁷ Il tient à la main la pelle à vanner pour nettoyer son aire à battre

le blé, et il amassera le grain dans son grenier ; quant à la paille, il la brûlera au feu qui ne s'éteint pas. » … **21 Comme tout le peuple se faisait baptiser et qu'après avoir été baptisé lui aussi, Jésus priait, le ciel s'ouvrit. 22 L'Esprit Saint, sous une apparence corporelle, comme une colombe, descendit sur Jésus, et il y eut une voix venant du ciel : «** *Toi, tu es mon Fils bien-aimé ; en toi, je trouve ma joie.* **»**
23 Quand il commença, Jésus avait environ trente ans ; il était, à ce que l'on pensait, fils de Joseph, fils d'Héli. »

- **Prière Méditative :**

« Glorieux et aimable saint Joseph, père adoptif et nourricier de Notre Seigneur Jésus-Christ, je viens auprès de vous plein de confiance pendant neuf jours pour vous honorer et vous solliciter. Vous avez été le premier adorateur de Dieu fait homme avec Marie, et Jésus vous a infiniment aimé. Vous étiez le Représentant de Dieu Le Père sur La Terre auprès du Fils, et celui du Saint-Esprit auprès de La Vierge Immaculée. Nul ne jouit au ciel d'un plus grand prestige que vous parmi les élus et tous s'inclinent devant vous.

Moïse, le serviteur du Seigneur était mort. Josué, son fils, non pas selon la chair, mais selon l'Esprit, fut celui qui lui succéda. Il entra dans le Jourdain et le traversa. C'est sous la conduite de Josué que le peuple élu prit possession de la Terre Promise.

Ces événements historiques étaient la figure de réalités spirituelles, celle de votre mort, admirable père saint Joseph, et de Jésus prenant la tête de La Sainte-Famille.

Lui aussi viendra au Jourdain. Et il y recevra l'Onction de Messie dans Sa Sainte Humanité. Bientôt, votre fils Jésus, nouveau Josué, traversera le grand fleuve de la mort et ressortira Vivant, Ressuscité de l'autre côté.

Et si Moïse ne put entrer durant sa vie terrestre en terre promise, car la loi ne mène pas à la perfection, mais met en exergue le péché, il entra cependant en Paradis, en récompense de son dévouement à Dieu. Vous de même père saint Joseph êtes auprès du Tout-Puissant dans une élévation plus grande que celle de Moïse, de tous les prophètes et de tous les patriarches, parce que Dieu vous a élevé au-dessus de tous.

C'est pourquoi je viens à vous en dépit de mes péchés et de mes faiblesses, et plein d'une audacieuse confiance je vous demande [Exprimez ici votre demande…]

Souvenez-vous, ô très chaste époux de Notre Mère Marie, ô mon tendre Père, que je suis aussi votre fils (votre fille), ne méprisez pas ma prière (nos prières), mais daignez l'exaucer promptement. Ainsi soit-il. »

Conclusion :

- **Je vous Salue Marie** *ou une autre prière au choix comme Auguste Reine des Cieux ou Ô Glorieuse Dame.*

- **Je vous Salue Joseph** ou une autre prière au choix comme Je vous salue Joseph fils de David, la grande litanie de saint Joseph ou les salutations de saint Jean Eudes.

- **Récitation de l'Acte d'espérance :**

- *Gloire au Père*

Pour aller plus loin

Exemples de lectures possibles :

- **Du Livre de Job (5,1-27) :** « Ta postérité, tu la verras nombreuse, tes rejetons, comme la verdure de la terre. Tu entreras dans la tombe mûr comme la gerbe mise en meule en son temps. »

- **Livre de Josué 3,1-17 :** « Les eaux s'arrêtèrent en amont et se dressèrent comme une seule masse sur une grande distance... Le peuple traversa à la hauteur de Jéricho. »

- **Matthieu (3,13-17) :** « Alors paraît Jésus. Il était venu de Galilée jusqu'au Jourdain auprès de Jean, pour être baptisé par lui. Jean voulait l'en empêcher… »

Neuvième Jour : Saint Joseph et La Résurrection - Lazare.

Neuvième Jour

Introduction :

- **Signe de Croix :** *"Au nom du Père et du Fils et du Saint-Esprit ".*

- *Seigneur je me mets en Ta Sainte Présence et celle de tous les saints, spécialement saint Joseph que nous désirons honorer et solliciter, lui qui est dans la gloire avec Toi et que Tu as établi Maître de Ta Maison et Prince de tous tes Biens.*

- ***Prière à L'Esprit-Saint***

- *Credo* : Je crois en Dieu…
- *Confiteor :* Je confesse à Dieu Tout-Puissant
- *Notre Père :* Notre Père qui es aux Cieux…

- **Du premier livre de Samuel (1 Sa 2,1-10 ; Cantique d'Anne) :**

[1] … « **Mon cœur exulte à cause du Seigneur ; mon front s'est relevé grâce à mon Dieu !** Face à mes ennemis s'ouvre ma bouche : **oui, je me réjouis de ton salut !** [2] Il n'est pas de Saint

pareil au Seigneur. Pas d'autre Dieu que toi ! Pas de Rocher pareil à notre Dieu !
³ Assez de paroles hautaines, pas d'insolence à la bouche. Le Seigneur est le Dieu qui sait, qui pèse nos actes. ⁴ L'arc des forts est brisé, mais le faible se revêt de vigueur. ⁵ Les plus comblés s'embauchent pour du pain, et les affamés se reposent. Quand la stérile enfante sept fois, la femme aux fils nombreux dépérit.

⁶ Le Seigneur fait mourir et vivre ; il fait descendre à l'abîme et en ramène. ⁷ le Seigneur rend pauvre et riche ; il abaisse et il élève. ⁸ De la poussière, il relève le faible, il retire le malheureux de la cendre pour qu'il siège parmi les princes, et reçoive un trône de gloire.

Au Seigneur, les colonnes de la terre : sur elles, il a posé le monde. ⁹ Il veille sur les pas de ses fidèles, et les méchants périront dans les ténèbres. La force ne rend pas l'homme vainqueur : ¹⁰ les adversaires du Seigneur seront brisés. Le Très-Haut tonnera dans les cieux ; **le Seigneur jugera la terre entière. Il donnera la puissance à son roi, il relèvera le front de son Oint.** »

- **De l'évangile de saint Jean (11,1-45) :**

« **11,1 Il y avait quelqu'un de malade, Lazare, de Béthanie, le village de Marie et de Marthe, sa sœur.** ² Or Marie était celle qui répandit du parfum sur le Seigneur et lui essuya les pieds avec ses cheveux. C'était son frère Lazare qui était malade.

³ Donc, les deux sœurs envoyèrent dire à Jésus : " *Seigneur, celui que tu aimes est malade.* "

⁴ En apprenant cela, Jésus dit : " *Cette maladie ne conduit pas à la mort, elle est pour la gloire de Dieu, afin que par elle le Fils de Dieu soit glorifié.* "

⁵ Jésus aimait Marthe et sa sœur, ainsi que Lazare. ⁶ Quand il apprit que celui-ci était malade, il demeura deux jours encore à l'endroit où il se trouvait. ⁷ Puis, après cela, il dit aux disciples : " *Revenons en Judée.* "

⁸ Les disciples lui dirent : " *Rabbi, tout récemment, les Juifs, là-bas, cherchaient à te lapider, et tu y retournes ?* "

⁹ Jésus répondit : " *N'y a-t-il pas douze heures dans une journée ? Celui qui marche pendant le jour ne trébuche pas, parce qu'il voit la lumière de ce monde ;* ¹⁰ *mais celui qui marche pendant la nuit trébuche, parce que la lumière n'est pas en lui.* "

¹¹ Après ces paroles, il ajouta : *" Lazare, notre ami, s'est endormi ; mais je vais aller le tirer de ce sommeil. "*

¹² Les disciples lui dirent alors : *" Seigneur, s'il s'est endormi, il sera sauvé. "* ¹³ Jésus avait parlé de la mort ; eux pensaient qu'il parlait du repos du sommeil.

¹⁴ Alors il leur dit ouvertement : *" Lazare est mort, ¹⁵ et je me réjouis de n'avoir pas été là, à cause de vous, pour que vous croyiez. Mais allons auprès de lui !* » ¹⁶ Thomas, appelé Didyme (c'est-à-dire Jumeau), dit aux autres disciples : *" Allons-y, nous aussi, pour mourir avec lui ! "*

¹⁷ À son arrivée, Jésus trouva Lazare au tombeau depuis quatre jours déjà. ¹⁸ Comme Béthanie était tout près de Jérusalem – à une distance de quinze stades (c'est-à-dire une demi-heure de marche environ) –, ¹⁹ beaucoup de Juifs étaient venus réconforter Marthe et Marie au sujet de leur frère.

²⁰ Lorsque Marthe apprit l'arrivée de Jésus, elle partit à sa rencontre, tandis que Marie restait assise à la maison.

²¹ Marthe dit à Jésus : *" Seigneur, si tu avais été ici, mon frère ne serait pas mort. ²² Mais maintenant encore, je le sais, tout ce que tu demanderas à Dieu, Dieu te l'accordera. "*

²³ **Jésus lui dit :** " *Ton frère ressuscitera.* "

²⁴ **Marthe reprit :** " *Je sais qu'il ressuscitera à la résurrection, au dernier jour.* "

²⁵ **Jésus lui dit :** « *Moi, je suis la résurrection et la vie. Celui qui croit en moi, même s'il meurt, vivra ;* ²⁶ *quiconque vit et croit en moi ne mourra jamais. Crois-tu cela ?* »

²⁷ **Elle répondit :** " *Oui, Seigneur, je le crois : tu es le Christ, le Fils de Dieu, tu es celui qui vient dans le monde.* "

²⁸ Ayant dit cela, elle partit appeler sa sœur Marie, et lui dit tout bas : " *Le Maître est là, il t'appelle.* " 29 Marie, dès qu'elle l'entendit, se leva rapidement et alla rejoindre Jésus. ³⁰ Il n'était pas encore entré dans le village, mais il se trouvait toujours à l'endroit où Marthe l'avait rencontré. ³¹ Les Juifs qui étaient à la maison avec Marie et la réconfortaient, la voyant se lever et sortir si vite, la suivirent ; ils pensaient qu'elle allait au tombeau pour y pleurer.

³² Marie arriva à l'endroit où se trouvait Jésus. Dès qu'elle le vit, elle se jeta à ses pieds et lui dit : " *Seigneur, si tu avais été ici, mon frère ne serait pas mort.* "

³³ Quand il vit qu'elle pleurait, et que les Juifs venus avec elle pleuraient aussi, Jésus, en son esprit, fut saisi d'émotion, il fut bouleversé, ³⁴ et il demanda : " *Où l'avez-vous déposé ?* " Ils lui répondirent : " *Seigneur, viens, et vois.* "

³⁵ Alors Jésus se mit à pleurer. ³⁶ Les Juifs disaient : " *Voyez comme il l'aimait !* "

³⁷ Mais certains d'entre eux dirent : « *Lui qui a ouvert les yeux de l'aveugle, ne pouvait-il pas empêcher Lazare de mourir ?* "

³⁸ **Jésus, repris par l'émotion, arriva au tombeau. C'était une grotte fermée par une pierre.** ³⁹ **Jésus dit :** " *Enlevez la pierre.* " **Marthe, la sœur du défunt, lui dit :** " *Seigneur, il sent déjà ; c'est le quatrième jour qu'il est là.* " ⁴⁰ **Alors Jésus dit à Marthe :** " *Ne te l'ai-je pas dit ? Si tu crois, tu verras la gloire de Dieu.* "

⁴¹ **On enleva donc la pierre. Alors Jésus leva les yeux au ciel et dit :** « *Père, je te rends grâce parce que tu m'as exaucé.* ⁴² *Je le savais bien, moi, que tu m'exauces toujours ; mais je le dis à cause de la foule qui m'entoure, afin qu'ils croient que c'est toi qui m'as envoyé.* "

⁴³ **Après cela, Jésus cria d'une voix forte :** " *Lazare, viens dehors !* " ⁴⁴ **Et le mort sortit, les pieds et les mains liés par des bandelettes,**

le visage enveloppé d'un suaire. Jésus leur dit : *" Déliez-le, et laissez-le aller. "*

⁴⁵ Beaucoup de Juifs, qui étaient venus auprès de Marie et avaient donc vu ce que Jésus avait fait, crurent en lui. ⁴⁶ Mais quelques-uns allèrent trouver les pharisiens pour leur raconter ce qu'il avait fait.

▪ Prière Méditative :

« Glorieux et aimable saint Joseph, père adoptif et nourricier de Notre Seigneur Jésus-Christ, je viens auprès de vous plein de confiance pendant neuf jours pour vous honorer et vous solliciter. Vous avez été le premier adorateur de Dieu fait homme avec Marie, et Jésus vous a infiniment aimé. Vous étiez le Représentant de Dieu Le Père sur La Terre auprès du Fils, et celui du Saint-Esprit auprès de La Vierge Immaculée. Nul ne jouit au ciel d'un plus grand prestige que vous parmi les élus et tous s'inclinent devant vous.

Votre Fils Jésus-Christ a ressuscité Lazare, et Il a dit à Marthe qu'Il est La Résurrection et La Vie, peut-il dès lors vous laisser dans les ténèbres de la mort ? Ne va-t-il pas vous ramener à la lumière de la Vie, celui qui est La Lumière du monde.

Oui, je le sais bien vite Il vous rendra justice pour tous les soins que vous lui avez prodigués quand Il était petit. Car si Marie a nourri son divin fils du lait de son sein virginal, vous mon père c'est à la sueur de votre front que vous l'avez nourri.

Aussi vous étiez de ceux qui ont bénéficié de sa victoire (Mt 27,53) et la justice de Dieu et Son Amour imposent que vous soyez même le premier de tous. C'est pourquoi votre Tombeau est vide comme celui de votre fils. C'est parmi les vivants qu'il faut que nous vous cherchions, parce que Dieu n'est pas le Dieu des morts, mais des vivants.

C'est pourquoi je viens à vous qui êtes dans la gloire ineffable et qu'en dépit de mes péchés et de mes faiblesses je vous demande plein d'une audacieuse confiance [Exprimez ici votre demande...]

Souvenez-vous, ô glorieux saint Joseph, ô mon tendre Père, que je suis aussi votre fils (votre fille). Aussi, ne méprisez pas ma prière, mais écoutez-la favorablement et daignez l'exaucer. Ainsi soit-il. »

Conclusion :

- **Je vous Salue Marie** *ou une autre prière au choix comme Auguste Reine des Cieux ou Ô Glorieuse Dame.*

- **Je vous Salue Joseph** ou une autre prière au choix comme : *Je vous salue Joseph fils de David*, ou encore : *la grande litanie de saint Joseph* ou *les salutations de saint Jean Eudes.*

- **Récitation de l'Acte d'espérance** :

« Mon Dieu, j'espère avec une ferme confiance que Vous me donnerez, par les mérites de Notre-Seigneur Jésus-Christ, Votre grâce en ce monde et le bonheur éternel dans l'autre, parce que Vous l'avez promis et que Vous êtes toujours fidèle dans Vos promesses. »

- **Gloire au Père :**

Gloire au Père, et au Fils, et au Saint-Esprit. Comme il était au commencement, maintenant et toujours, Et dans les siècles des siècles. Amen.

Pour aller plus loin

Exemples de lectures possibles :

- **Romains 8,1-39 :** « Nous le savons, quand les hommes aiment Dieu, lui-même fait tout contribuer à leur bien, puisqu'ils sont appelés selon le dessein de son amour. Ceux que, d'avance, il connaissait, il les a aussi destinés d'avance à être configurés à l'image de son Fils, pour que ce Fils soit le premier-né d'une multitude de frères. »

- **Psaume (72,23-28) :** « Tu me prendras dans la gloire. »

- **Première lettre de saint Pierre (1,1- 25) :** « Béni soit Dieu, le Père de notre Seigneur Jésus Christ : dans sa grande miséricorde, il nous a fait renaître pour une vivante espérance grâce à la résurrection de Jésus Christ d'entre les morts… »

- **Première lettre de saint Jean (4,1- 21) :** « Celui qui n'aime pas n'a pas connu Dieu, car Dieu est amour. »

Conclusion

Nous avons mis en évidence pendant cette Neuvaine quelques aspects de la vie de saint Joseph et quelques-unes de ses vertus. Nous avons aussi évoqué plusieurs personnages qui le préfigurent : Adam, Abraham, Moïse, le Roi David, Joseph Prince d'Égypte...

La vie de saint Joseph et celle cachée de Notre Seigneur pendant trente ans à ses côtés montrent qu'une sainteté exemplaire peut être obtenue par un grand dévouement aux devoirs d'état. Si donc vous aimez saint Joseph, pratiquez ces vertus. Dans cette entreprise sanctifiante, vous pouvez dire souvent :

« Ô Jésus, ô Marie, ô Joseph, je vous aime (dans La Divine Volonté et je respire dans Votre Amour)*.
Sauvez les âmes des prêtres ; sauvez les âmes. Nous vous le demandons humblement ; et que nous puissions répéter cet *Acte d'Amour*

mille fois à chaque respiration, à chaque battement de cœur ».

C'est ainsi que vous sauverez vos âmes. [27] [28]

---

[27] Cette prière a été donnée à Justine Klotz mystique allemande sous le nom de : « L'ACTE D'AMOUR. » Nous avons ajouté la partie entre parenthèse d'après les révélations de Jésus-Christ à Luisa Piccarretta sur : « la vie dans La Divine Volonté »

Notre Seigneur ajouta concernant la prière de l'Acte d'Amour : « Priez assidûment L'ACTE D'AMOUR ! C'est la clef qui ouvre. Rien ne lui demeure fermé... Faites bien attention à Mes paroles...Je déverserai toute Ma Miséricorde sur vous, pour que chacun puisse rentrer au bercail. Donc, priez assidûment L'ACTE D'AMOUR parce que bien des gens négligent tout !

Engagez-vous dans la prière de l'ACTE D'AMOUR ! Cela apporte de la Lumière. Tout le monde y a part, bien plus au-delà de la tombe ! Avec votre amour vous devez répondre à celui du Père, avec l'Acte d'Amour... C'est bien l'arme de l'Esprit Saint ! Et nous constatons que saint Joseph fait partie de cette arme.

[28] « Cherchez premièrement le royaume des Cieux et sa justice et tout le reste vous sera donné de surcroît. » (Mt 6,33).

Annexes : Prières utiles à la vie de tous les jours et à cette Neuvaine

Grande Litanie de saint Joseph :

Seigneur, ayez pitié de nous. Seigneur, *ayez pitié de nous.*
Ô, Christ, ayez pitié de nous. O Christ, *ayez pitié de nous.*
Seigneur, ayez pitié de nous. Seigneur, *ayez pitié de nous.*

Père du Ciel qui êtes Dieu, *ayez pitié de nous.*
Fils, Rédempteur du monde qui êtes Dieu, *ayez pitié de nous.*
Saint-Esprit qui êtes Dieu, ayez pitié de nous.
Sainte Trinité qui êtes un seul Dieu, ayez pitié de nous.
Sainte Marie, priez pour nous.
Saint Joseph, priez pour nous.

Illustre descendant de David, priez pour nous.
Lumière des patriarches, priez pour nous.
Époux de la Mère de Dieu, priez pour nous.
Chaste gardien de la Vierge, priez pour nous.

Nourricier du Fils de Dieu, priez pour nous.
Zélé défenseur de Jésus, priez pour nous.
Chef de la Sainte Famille, priez pour nous.

Joseph très juste, *priez pour nous.*
Joseph très chaste, *priez pour nous.*
Joseph très prudent, priez pour nous.

Joseph très courageux, priez pour nous.
Joseph très obéissant, priez pour nous.
Joseph très fidèle, priez pour nous.
Miroir de patience, priez pour nous.

Amant de la pauvreté, priez pour nous.
Modèle des travailleurs, priez pour nous.
Gloire de la vie de famille, priez pour nous.
Gardien des vierges, priez pour nous.
Soutien des familles, priez pour nous.

Consolateur des malheureux, priez pour nous.
Espérance des malades, priez pour nous.
Patron des mourants, priez pour nous.
Terreur des démons, priez pour nous.
Protecteur de la Sainte Église, priez pour nous.

Agneau de Dieu, qui effacez les péchés du monde, pardonnez-nous, Seigneur.

Agneau de Dieu, qui effacez les péchés du monde, exaucez-nous, Seigneur.
Agneau de Dieu, qui effacez les péchés du monde, ayez pitié de nous, Seigneur.
Jésus-Christ, écoutez-nous. Jésus-Christ, écoutez-nous.
Jésus-Christ, exaucez-nous. Jésus-Christ, exaucez-nous.

Jésus l'a établi maître de sa maison. Et prince sur tous ses biens.

Prions : O Dieu qui dans votre providence ineffable avez daigné choisir le bienheureux Joseph pour être l'époux de votre très Sainte Mère, faites, nous vous en prions, que le vénérant ici-bas comme protecteur, nous méritions de l'avoir comme intercesseur dans le ciel. Vous qui étant Dieu, vivez et régnez avec le Père, dans l'unité du Saint-Esprit, pour les siècles des siècles. Ainsi soit-il.

Les Salutations de saint Jean Eudes :

Je vous salue Joseph, image de Dieu le Père.
Je vous salue Joseph, père de Dieu le Fils.
Je vous salue Joseph, Sanctuaire du Saint-Esprit.
Je vous salue Joseph, bien-aimé de la très Sainte Trinité.
Je vous salue Joseph, très digne époux de la Vierge Mère.

Je vous salue Joseph, père de tous les fidèles.
Je vous salue Joseph, fidèle observateur du silence sacré.
Je vous salue Joseph, amant de la sainte pauvreté.
Je vous salue Joseph, modèle de douceur et de patience.
Je vous salue Joseph, miroir d'humilité et d'obéissance.

Vous êtes béni entre tous les hommes
Et bénis soient vos yeux qui ont vu ce que vous avez vu,
Et bénies soient vos oreilles qui ont entendu ce que vous avez entendu,
Et bénies soient vos mains qui ont touché le

Verbe fait chair,
Et bénis soient vos bras qui ont porté Celui qui porte toutes choses,
Et béni soit votre cœur embrasé pour Lui du plus ardent amour.

Et béni soit le Père éternel qui vous a choisi,
Et béni soit le Fils qui vous a aimé,
Et béni soit le Saint-Esprit qui vous a sanctifié,
Et bénie soit Marie, votre épouse, qui vous a chéri comme un époux et comme un frère,
Et bénis soient à jamais tous ceux qui vous aiment et qui vous bénissent.
Ainsi soit-il.

Litanies du Sacré-Cœur :

Seigneur, *ayez pitié de nous !*
Ô Christ, *ayez pitié de nous !*
Seigneur, *ayez pitié de nous !*

Jésus, *écoutez-nous.*
Jésus, *exaucez-nous.*
Père céleste, qui êtes Dieu, *ayez pitié de nous.*
Fils, Rédempteur du monde, qui êtes Dieu, *ayez pitié de nous.*

Esprit-Saint, qui êtes Dieu, *ayez pitié de nous.*
Sainte Trinité, qui êtes un seul Dieu, *ayez pitié...*

Cœur de Jésus, Fils du Père éternel, *ayez pitié...*
Cœur de Jésus, formé par le Saint-Esprit dans le sein de la Vierge Mère, *ayez pitié de nous.*
Cœur de Jésus, uni substantiellement au Verbe de Dieu, *ayez pitié de nous.*

Cœur de Jésus, d'une infinie majesté, *ayez pitié..*
Cœur de Jésus, temple saint de Dieu, *ayez pitié.*
Cœur de Jésus, tabernacle du Très-Haut, *ayez...*
Cœur de Jésus, maison de Dieu et porte du ciel,

Cœur de Jésus, fournaise ardente de charité, ...
Cœur de Jésus, sanctuaire de la justice et de l'amour, *ayez pitié de nous.*
Cœur de Jésus, plein d'amour et de bonté, ...
Cœur de Jésus, abîme de toutes les vertus, ...
Cœur de Jésus, très digne de toutes louanges,...

Cœur de Jésus, roi et centre de tous les cœurs,...
Cœur de Jésus, en qui se trouvent tous les trésors de la sagesse et de la science, *ayez pitié...*
Cœur de Jésus, en qui réside toute la plénitude de la Divinité, *ayez pitié de nous.*

Cœur de Jésus, objet des complaisances du Père, *ayez pitié de nous.*
Cœur de Jésus, dont la plénitude se répand sur nous tous, *ayez pitié de nous.*
Cœur de Jésus, le désiré des collines éternelles, *ayez pitié de nous.*

Cœur de Jésus, patient et très miséricordieux, *ayez pitié de nous.*
Cœur de Jésus, libéral pour tous ceux qui vous invoquent, *ayez pitié de nous.*

Cœur de Jésus, source de vie et de sainteté,...
Cœur de Jésus, propitiation pour nos péchés,..
Cœur de Jésus, rassasié d'opprobres, *ayez pitié..*

Cœur de Jésus, broyé à cause de nos crimes, *ayez pitié de nous.*
Cœur de Jésus, obéissant jusqu'à la mort, *ayez pitié de nous.*
Cœur de Jésus, percé par la lance, *ayez pitié…*

Cœur de Jésus, source de toute consolation,...
Cœur de Jésus, notre vie et notre résurrection,
Cœur de Jésus, notre paix et notre réconciliation, *ayez pitié de nous.*
Cœur de Jésus, victime des pécheurs, *ayez pitié*

Cœur de Jésus, salut de ceux qui espèrent en vous, *ayez pitié de nous.*
Cœur de Jésus, espérance de ceux qui meurent en vous, *ayez pitié de nous.*
Cœur de Jésus, délices de tous les saints, *ayez*

Agneau de Dieu, qui effacez les péchés du monde, *pardonnez-nous, Seigneur.*
Agneau de Dieu, qui effacez les péchés du monde, *exaucez-nous, Seigneur.*
Agneau de Dieu, qui effacez les péchés du monde, *ayez pitié de nous, Seigneur.*
Jésus-Christ, *écoutez-nous.*
Jésus-Christ, *exaucez-nous.*
Jésus, doux et humble de cœur, *rendez notre cœur semblable au vôtre.*

Prions :

Dieu tout-puissant et éternel, considérez le Cœur de votre Fils bien-aimé ainsi que les louanges et les satisfactions qu'il vous a offertes au nom des pécheurs : à ceux qui implorent votre miséricorde, accordez avec bienveillance le pardon au nom de ce même Jésus-Christ, votre Fils, notre Seigneur et notre Dieu, qui règne avec vous, dans l'unité du Saint-Esprit, pour les siècles des siècles. Ainsi-soit-il.

Litanies de La Vierge Marie (litanies de Lorette) :

Seigneur, ayez pitié de nous.
Jésus-Christ, ayez pitié de nous.
Seigneur, ayez pitié de nous.
Jésus-Christ, écoutez-nous. Jésus-Christ, exaucez-nous.
Père céleste, qui êtes Dieu, ayez pitié de nous.
Fils, Rédempteur du monde, qui êtes Dieu,
Esprit-Saint, qui êtes Dieu,
Trinité Sainte, qui êtes un seul Dieu,

Sainte Marie, *priez pour nous.*
Sainte Mère de Dieu, *priez pour nous.*
Sainte Vierge des vierges, *priez pour nous.*
Mère du Christ, *priez pour nous.*
Mère de la divine grâce, *priez pour nous.*
Mère de l'Église, *priez pour nous.*

Mère très pure, *priez pour nous.*
Mère très chaste, *priez pour nous.*
Mère toujours Vierge, *priez pour nous.*
Mère sans tache, *priez pour nous.*

Mère aimable, *priez pour nous.*
Mère admirable, *priez pour nous.*

Mère du bon conseil, *priez pour nous.*
Mère du Créateur, *priez pour nous.*
Mère du Sauveur, *priez pour nous.*

Vierge très prudente, *priez pour nous.*
Vierge vénérable, *priez pour nous.*
Vierge digne de louanges, *priez pour nous.*
Vierge puissante, *priez pour nous.*
Vierge clémente, *priez pour nous.*
Vierge fidèle, *priez pour nous.*

Miroir de justice, *priez pour nous.*
Trône de la sagesse, *priez pour nous.*
Cause de notre joie, *priez pour nous.*
Vase spirituel, *priez pour nous.*
Vase d'honneur, *priez pour nous.*
Vase insigne de dévotion, *priez pour nous.*

Rose mystique, *priez pour nous.*
Tour de David, *priez pour nous.*
Tour d'ivoire, *priez pour nous.*
Maison d'or, *priez pour nous.*
Arche d'alliance, *priez pour nous.*

Porte du ciel, *priez pour nous.*
Étoile du matin, *priez pour nous.*
Salut des infirmes, *priez pour nous.*
Refuge des pécheurs, *priez pour nous.*

Consolatrice des affligés, *priez pour nous.*
Secours des chrétiens, *priez pour nous.*

Reine des Anges, *priez pour nous.*
Reine des Patriarches, *priez pour nous.*
Reine des Prophètes, *priez pour nous.*
Reine des Apôtres, *priez pour nous.*
Reine des Martyrs, *priez pour nous.*
Reine des Confesseurs, *priez pour nous.*
Reine des Vierges, *priez pour nous.*
Reine de tous les Saints, *priez pour nous.*

Reine conçue sans le péché originel, *priez pour nous.*
Reine élevée aux cieux, *priez pour nous.*
Reine du très saint Rosaire, *priez pour nous.*
Reine de la paix, *priez pour nous.*

Agneau de Dieu, qui effacez les péchés du monde, *pardonnez-nous, Seigneur.*
Agneau de Dieu, qui effacez les péchés du monde, *exaucez-nous, Seigneur.*
Agneau de Dieu, qui effacez les péchés du monde, *ayez pitié de nous Seigneur.*

Priez pour nous, Sainte Mère de Dieu,
Afin que nous devenions dignes des promesses de Jésus- Christ.

Prions :
Seigneur, daignez nous accorder, à nous, vos serviteurs, de jouir toujours de la santé de l'âme et du corps ; et par la glorieuse intercession de la bienheureuse Marie toujours Vierge, délivrez-nous des tristesses de la vie présente, et donnez-nous d'avoir part aux joies éternelles. Par Jésus-Christ, Notre Seigneur. Ainsi soit-il.

Litanies de la Sainte Famille :

Seigneur, ayez pitié de nous.
Jésus-Christ, ayez pitié de nous. Seigneur, ayez pitié de nous.
Jésus-Christ, écoutez-nous. Jésus-Christ, exaucez-nous.
Père céleste, qui êtes Dieu, ayez pitié de nous
Fils, rédempteur du monde, qui êtes Dieu, ayez pitié de nous.
Saint-Esprit, qui êtes Dieu, ayez pitié de nous.
Sainte Trinité, qui êtes un seul Dieu, ayez pitié de nous.

Sainte Famille, du Verbe incarné, ayez pitié de nous.
Sainte-Famille, image de l'auguste Trinité sur la terre, ayez pitié de nous.
Sainte Famille objet des complaisances du Père céleste,
Sainte Famille, comblée de tous les dons de la grâce,
Sainte-Famille, modèle parfait de toutes les vertus,

Sainte Famille, digne de l'amour de tous les cœurs,
Sainte-Famille, trésor des élus,
Sainte-Famille, délices des paradis,
Sainte-Famille, objet de la vénération des Anges
Sainte Famille, méprisée des hommes, mais grande aux yeux de Dieu,

Sainte Famille, qui avez été rebutée de Bethléem et obligée de vous réfugier dans une étable.
Sainte Famille, visitée par des bergers au moment de la naissance du Sauveur,
Sainte-Famille, qui avez entendu les concerts des Anges en l'honneur de Jésus naissant,

Sainte-Famille, qui avez reçu les respects et les présents des Mages,

Sainte-Famille, qui avez obéis sans délai à la voix de l'Ange qui vous ordonnait de fuir en Égypte au travers de mille dangers,
Sainte Famille, qui avez été obligée de vous dérober par la fuite à la persécution d'Hérode,
Sainte-Famille, exilée dans une terre étrangère,

Sainte Famille, qui avez vécu cachée et inconnue au monde,
Sainte-Famille, qui avez mené une vie pauvre, laborieuse et pénitente,
Sainte-Famille, qui avez gagné votre pain à la sueur de votre front,
Sainte-Famille, pauvre des biens de la terre, mais riche des biens du ciel,
Sainte-Famille, modèle de charité, de paix et d'union,

Sainte-Famille, dont toute la conversation était dans le Ciel,
Sainte-Famille, dont la vie fut une oraison et une contemplation continuelle,
Sainte-Famille, consolation des affligés, espérance de ceux qui vous invoquent, et modèle de toutes les familles chrétiennes,

Agneau de Dieu, qui effacez les péchés du monde, pardonnez-nous, Seigneur.
Agneau de Dieu, qui effacez les péchés du monde, exaucez-nous, Seigneur.
Agneau de Dieu, qui effacez les péchés du monde, ayez pitié de nous, Seigneur.
Jésus, écoutez-nous. Jésus, exaucez-nous.

Prions

Seigneur Jésus, Fils unique qui par amour pour nous, vous êtes fait enfant et n'avez pas dédaigné de mener pendant trente ans une vie pauvre et cachée au monde, humblement soumis à Marie, votre mère, et à Joseph, accordez-nous la grâce d'imiter ici-bas, votre profonde humilité, afin que nous puissions avoir part à votre gloire dans le Ciel ; Vous qui vivez et régnez en l'unité du Saint-Esprit, dans tous les siècles des siècles. Ainsi soit-il.

Acte de foi :

« Mon Dieu, je crois fermement toutes les vérités que Vous avez révélées et que Vous enseignez par Votre Sainte Église, parce que vous ne pouvez ni Vous tromper ni nous tromper. »

Acte de charité :

« Mon Dieu, je Vous aime par-dessus toutes choses, de tout mon cœur, de toute mon âme et de toutes mes forces, parce que Vous êtes infiniment parfait et souverainement aimable. J'aime aussi mon prochain comme moi-même pour l'amour de Vous. »

Acte de contrition :

« Mon Dieu, j'ai un grand regret de Vous avoir offensé parce que Vous êtes infiniment bon, infiniment aimable et le péché Vous déplaît ; je prends la ferme résolution avec le secours de Votre Sainte grâce, de ne plus Vous offenser et de faire pénitence. »

Prières à mon ange Gardien : [29]

« Seigneur, dans ta mystérieuse providence, tu envoies les anges nous garder ; daigne répondre à nos prières en nous assurant le bienfait de leur protection et la joie de vivre en leur compagnie pour toujours. Par Jésus Christ, ton Fils, notre Seigneur. Amen. » (Prière liturgique à nos Anges Gardiens du Missel Romain).

« Nous t'en supplions, Seigneur, visite cette maison, et repousse d'elle toutes les embûches de l'ennemi ; que tes saints anges viennent l'habiter pour nous garder dans la paix ; et que ta bénédiction demeure à jamais sur nous. Par Jésus le Christ, notre Seigneur. Amen. » (Prière de la Liturgie des Heures à nos Anges Gardiens aux Complies).

« Ange de Dieu qui êtes mon gardien par un bienfait de la divine providence, éclairez-moi, protégez-moi, dirigez-moi et gouvernez-moi. Ainsi soit-il. » (Saint Vincent Ferrier).

---

[29] Choisir une des trois prières proposées.

Ouvrages du même auteur

- « Évangile de Jésus Christ Fils de Dieu selon saint Marc. »
    Tome 1 : Jésus en Galilée.
    Tome 2 : Jésus hors de Galilée.
    Tome 3 : Jésus à Jérusalem, La Passion, La Résurrection et l'Ascension. - *Ed St Honoré.*

- « Les douze gloires de Marie : Marie Mère de Dieu, Vierge Immaculée, Reine du Ciel et de l'Église… » - *Ed St Honoré.*

- « Saint Joseph Intercesseur » - *Edition BOD.*

- « Sagesse du Guerrier de la Lumière » – *Edition BOD* (Traduit aussi en espagnol : - 'Sabiduria del Guerrero de la luz').

- « Saint Joseph Image visible du Dieu invisible – Alors Tu es Roi ? » *Ed BOD.*

- « Jean le frère du Seigneur – L'homme qui a fait découvrir Jésus-Christ au monde. » *Edition BOD.*

- « Priez pour nous sainte Mère de Dieu – Prières et Neuvaines préparatoires pour les grandes fêtes mariales de décembre à mai – Ed. BOD.

- « Le Sacré-Cœur de Jésus Source de Miséricorde et Rayonnement d'Amour. - La spiritualité du Sacré-Cœur la découvrir, la comprendre et la mettre en œuvre aujourd'hui. » *Edition BOD.*

En préparation :

- « Gabriel, L'Ange Merveilleux »

- Neuvaines préparatoires aux grandes fêtes mariales (Tome 2)

- « Les Noces de Cana »

- …

Remerciements

Mes remerciements sincères à ma mamie, Ginette Salinière, pour ses patientes lectures, à Mme Dominique de Pompignan, Mme Naura et M. Marc-Olivier Bellemare à ma famille pour son soutien ainsi que ma maman, ma sœur, mon parrain, ma marraine, mes tantes Chantal, Annie-Claude et Maryvonne, mes oncles, mes cousins et mes cousines, mes amis, pour leur amour, leurs prières et leur soutien.

Je remercie tous ceux qui me soutiennent de leurs prières et de leur bienveillance, et je pense spécialement à ceux qui me suivent de livre en livre et qui se réjouissent d'apprendre à chaque nouvelle sortie.

Je remercie Le Père et Son Fils Jésus-Christ, Notre Seigneur et Notre Frère, Le Saint-Esprit et Toute La Cour Céleste, spécialement saint Joseph, La Vierge Marie et saint Jean Baptiste de m'accorder le privilège de les servir ! Bénis soient-ils !

Si ce livre vous a plu, le faire connaître est aussi une manière de vous engager en faveur du bien véritable : Le Ciel.

Que La Sainte-Famille vous protège et vous garde

À bientôt, Guy-Noël AUBRY